做自己的理财师

舒歆 著

中国商业出版社

图书在版编目（CIP）数据

做自己的理财师 / 舒歆著. -- 北京：中国商业出
版社，2023.1

ISBN 978-7-5208-2353-1

Ⅰ.①做… Ⅱ.①舒… Ⅲ.①私人投资—基本知识
Ⅳ.①F830.59

中国版本图书馆CIP数据核字(2022)第224345号

责任编辑：包晓嫱

（策划编辑：佟 彤）

中国商业出版社出版发行

（www.zgsycb.com 100053 北京广安门内报国寺 1 号）

总编室：010-63180647　编辑室：010-83118925

发行部：010-83120835/8286

新华书店经销

香河县宏润印刷有限公司印刷

*

710 毫米 ×1000 毫米　16 开　13.5 印张　170 千字

2023 年 1 月第 1 版　2023 年 1 月第 1 次印刷

定价：58.00 元

****

（如有印装质量问题可更换）

前言

未来，遇见快乐富足的自己

我们是受"好好学习，天天向上"的教诲长大的，勤奋学习是人生成功的第一步。考上好大学，找一份薪水高、待遇好的工作，开启人生第二阶段的勤奋。如此，在常规情况下，你不会为糊口而耗尽时间，你有多余的时间来健身、出游、聚会、娱乐、购物……你感觉人生有滋有味。但你可能忽视了一个严峻的问题：现在的轻松生活并不代表一生都能如此。当意外来临时，当好的创业机会到来时，当疾病不期而至时，当父母需要你成为后盾时……人生会有多少个"当"在前方等着考验你的经济实力呢？每一次"当"的情况，都是现在对未来的答卷，成绩如何，要看你现在如何做！

当你年轻时，对于缺钱还有抵抗力，有强健的体魄去挣钱，有大把的时间去找翻身的机会。当你老了，又该如何应对缺钱的窘境呢？

其实，很多人在中青年阶段就一直陷在缺钱的困境中，房子、车子、孩子……都在掏空钱包。

人生就是一个逐渐衰老的过程，无法抗拒，更不能逃避。一个人到了退休年龄后，生活费用主要来自年轻时的积累和退休金，如果此时没有足够的经济基础作保障，那么老年生活的质量必然堪忧。不要总想着"养儿防老"，现代人生活压力都很大，大多数年轻人照看自己的小家庭已经捉襟见肘了，对赡养父母很可能心有余而力不足。因此，不能让自己的未来步入可见性的"悲剧"中。虽然称为"悲剧"有点言过，虽然钱也不能解决所有问题，但必须承认一个现实，那就是整日为钱发愁的老人肯定不会幸福。

无论如何，养老都是一个很重要的生活目标，无论你考不考虑，这个目标都摆在那里，逼迫你必须去面对。

很多人刚到中年就说自己不敢生病，因为没有积蓄用来治病；很多老年人说不想拖累儿女，但因为自己没有足够的财产养老，一旦自己有个"风吹草动"，就会加重儿女的负担。不敢生病不代表不会生病，不想拖累也不表示就不会拖累，美好的生活必须有坚实的基础作支撑，否则就只能是空想。

坚实的基础从哪里来？通常由三个方面组成：努力工作＋节流＋开源。其中，努力工作是获得金钱的根本，节流是让通过工作所得的钱更多地留存下来，开源是让留存下来的钱能"生"钱。我们见过太多努力工作的人始终攒不下财富，是因为他们没有养成节流的习惯，更不懂得开源。有很多努力工作并有节流习惯的人也没能收获更多的财富，原因在于他们没有开源的想法，只是满足于当下的小富即安，头脑中没有应对通货膨胀的概念。

本书对于如何努力工作不作探讨，这是另一个话题；也不对如何节流作出理性规劝，不会让大家盲目节衣缩食，毕竟要保证一定的生活质量；重点是教大家如何开源，也就是打开储蓄的大门，主动去理财，使自己的财富实现滚动增值。

　　要把钱拿出来放到可以增值的项目里，才能实现财富增值。但是，只要一提到拿钱，很多人就会心存顾虑，是否保险是第一重顾虑，能否保值是第二重顾虑，可否增值是第三重顾虑。这三重顾虑就像三座大山一样压在人心里，让有些人明知道通货膨胀正在稀释自己的财富，也不敢有任何动作。怕，是阻碍大部分人通过理财获利的屏障。其实，不做理财导致财富贬值和未来生活的低保障更该让人害怕，只是事不到临头，人们总抱有侥幸心理。可生活是靠财富支撑的，任何侥幸在现实面前都将被击碎。因此，早为未来做打算，就能让自己多一份保障。

　　为什么要强调早做打算呢？我们从理财时间长度和保障性财富总量两个方面来进行分析。

　　理财时间长度是一个人能为自己积攒财富的时间段，正常情况下是从结束学业参加工作开始。有的人刚步入社会获得的收入很少，甚至谈不上有结余；有的人在法定退休年龄后，还继续发挥余热。所以，每个人的工作时长都不固定，但一般情况下是20岁出头到60岁之间，大概40年的时间。人生与金钱的关系并不是投入与产出的简单的一次性函数关系，更不是谁比谁能勤俭节约的单一性节流问题，而是与适用于复利计算的指数函数相类似。复利是对本金及其产生的利息一并计算，也就是利上有利。只有理财才有机会获得复利，而理财的选择关乎获取复利的多少。

　　保障性财富总量是一个人在人生的每个阶段所需的最低能维持一定生活质量的财富额度。人在步入社会之前，生活质量是父母提供的；在步入社会一段时间后，生活质量就是自己创造的了。人生的每个阶段都需要钱，有的是人生正常进程所必须支出的，如买房、结婚、育儿、养老等；有的是因意外而无奈消耗的，如生病、交通事故等。但无论是什么情况，只要发生了，就需要钱。大概需要多少钱呢？鉴于大、中、小城市房价差异过大，结婚和育儿费用也有很大差距，而生病或交通意外更是无法估算，因此，这里我们抛开上述不确定性支出，从养老所需的支出这一项来看看在人生老年阶段的最低财富保障额度应该是多少。假设你今年30岁，计划在55岁退休（不考虑性别），终老年龄按人口平均预期寿命设定为80岁。目前，你的基本生活费和医疗保障支出的最低消费为1500元/月，暂设定4%的通货膨胀率，到你退休时（55岁）要维持目前的生活水平，大约需要4000元/月，那么共计25年（从55岁到80岁）的退休生活费就是：4000元/月×12月×25年=120万元。这只是维持生活的最低保障金额，如果再加上旅游、休闲、医疗等（按照每月基本支出1000元算），那么还将增加30万元。这只是一个人的费用，夫妻双方费用需求总和将达到300万元。

看到这里，你或许会想，自己生活节俭，到时候会比别人少用钱，而且不旅游、不休闲，尽量减少生活支出。如果你不重视自己的晚年生活质量，别人也确实不能把你怎么样。只不过人生是自己的，人只活这一次，晚年的时间占据人生总时长并不短，能否活好都由自己决定。理财并不是多么艰辛的事情，只需占用一些业余时间就能换得自己高质量的未来生活，应该是很划算的事情，为什么不趁早开始做呢？

还有一点也必须强调，上述只是以一般的老年阶段为例计算的最低财富保障额度。如果活到90岁或者100岁呢？如果身患重病呢？如果需要住进养老机构呢？无疑会需要更加高昂的养老费用。因此，我们必须在30年至40年的工作时长内准备好养老费用及人生其他阶段所需要的资金，这是巨大的经济压力。

而理财的重要意义就在于，可以让人在人生的每个阶段都活得有保障，在意外面前可以从容不迫，不需要"看钱的脸色"而生活，获得有尊严的人生。

理财是一个长期性的概念，不是三五年就能达到目标的，通常是"拿钱一分钟，理财十年功"。十年是理财最短的时间概念，太短的时间不足以让财富有复利性增值空间。

此外，理财也属于一项专业能力，如必须具备一定的专业投资理财知识和技能，还要理解资产的收益和风险特性等。因为理财的风险较大，如果缺乏专业知识，盲目去投资，那么结果很可能是"靠运气赚来的钱，早晚会亏回去"。

理财能力的获得和提升必须以专业且丰富的理财知识作为基础。目前，市场上关于投资理财类的书籍主要有四种：第一种是理财思维通识类书籍，主要普及理财思维，涉及的实操技巧很少，只可作为入门读物，读一两本这样的书籍并不会让自己具备理财能力；第二种是专业性高门槛类书籍，内容质量高，但需要有一定的财经专业知识才能读懂；第三种是细分领域专识类书籍，如整本书只讲如何买基金、如何分析财报，内容有深度没广度，可有针对性地进行阅读；第四种是广域性全包含的书籍，这类书将多种投资理财方式都讲一遍，内容有广度没深度，基本不具备实操性，可作为了解性书籍粗略阅读。

鉴于市场上大多数关于投资理财类书籍与大众生活结合得并不十分密切，本书旨在将理财与大众生活密切关联，以时间线为主题，指导大众在人生的各个阶段分别应该采取怎样的理财方式。同时，本书将专业逻辑大众化，将前置知识实操化，用更易理解的方式将普通人带入理财的世界，做到浅入深出，降低了理财门槛，提高了人们的理财技能结构。

本书内容结构安排清晰，前两篇讲具备理财思维对于人生的重要意义、资产配置的设计和理财工具概览；后五篇将人生划分为五个时期，介绍了人生各阶段的财富思维和理财责任与选择；附录部分更为具体地给出了各类家庭的理财方案供人们选择，介绍了各类理财所得应缴纳的税收额度。

人生的每个阶段都离不开理财，如果你已经错过了一些时间，那么就不要再错过接下来的时间，不要让 40 岁的自己后悔 30 岁时的选择，而要让 40 岁的自己感谢 30 岁时的选择。遇见快乐富足的自己，需要从现在做起。希望本书给您提供更多的指导与帮助！

目录

第七篇
退休——考验财富传承能力

附录

附录2　投资理财产品怎么交纳个人所得税 / 198

后记

第一篇

理财理念：
正确的理财观念决定了你的方向

第一章　"财盲"等于白忙

随着我国人民生活水平和文化水平的不断提高，文盲大幅度下降，但新的一类"盲人"又诞生了，就是伴随经济快速发展而形成的"财盲"。他们每天都在努力挣钱，却不懂得让钱生钱，眼睁睁地看着自己的辛苦钱贬值。人生的每个阶段都需要钱，无论怎么努力，自己的财富永远跑不赢通货膨胀。一生从头忙到尾，结果就是白忙了一场。

买房、育儿、教育、看病、养老……件件催人老

怎么能够从容地应对"买房、育儿、教育、看病、养老"这"人生五件大事"？对于普通人来说，这是五件不可能回避的大事，大致也就对应着人生中的五个阶段。

买房一般是成家立业时面临的头等大事。

育儿支出是家庭形成期最主要的财产支出之一，且存在不稳定性。大宝喜欢滑雪，二宝在营养上要加强；大宝在国际象棋上好像有天赋，二宝因为肺炎发作住院四天了……伴随孩子的成长，教育支出成为家庭成长期和成熟期必须面对的最重要的支出。让孩子得到经济条件允许范围内良好

的教育，是做父母必须履行的责任。教育费用的支出不只包括让孩子到学校读书和对孩子兴趣的发掘，还包括对孩子进行心灵、体魄、美德等方面的培养。

看病的费用会一直贯穿家庭费用支出的始终，但在正常情况下，家庭成员都是生小病，费用可以计入日常开销。但是，如果到了退休的年龄，那么人生大病的风险就会逐渐增大，因此，必须提前准备好一笔能够在家庭成员生大病时应付得了的资金。

养老费用是人生中所需要的一笔长期性支出，人在没有工作能力后，养老费用的来源除了退休金，就是几十年所积累的财产。退休金能保证一个人的常规生活质量，所积累的财产才能决定个人生活质量的高低。有的人不仅有退休金，还在年轻阶段为自己积攒了数额不菲的财富，如此其老年生活就过得悠闲自在。而有的人则不仅没有退休金，或者退休金微薄，而且在年轻时也未能给自己积攒下足够的养老金，导致老年生活凄苦无依。可见，养老金和积蓄对一个人的晚年多么重要。

面对一件接一件的事情，有人不禁会问："为什么我辛辛苦苦地赚钱，却还总是缺钱呢？"可以将这个问题延展一些，变成："为什么人生的每个阶段都缺钱？"对，有太多人的人生每个阶段都"缺钱"，自己想做的很多事情，都可能会因为钱的方面不给力而作罢。

在处理这五件大事的过程中，一些人在办完第一、第二、第三件之后就已经步入老年阶段，这时已不可能独自处理第四、第五件，就需要后辈力量的支援了。事情未办完，人生已老，可见，对于这些人而言，是一种失败。

由此可知，要处理好人生这五件大事，就要找到打开财富之门的钥匙，既可以让自己的财富实现快速增长，又能够抵御不期而至的经济压力。

那么，开启财富之门的钥匙到底在哪里呢？首先，创业好像是一个，但创业的覆盖面不够大，状态也不稳定，毕竟不是所有人都会创业，即便创业了也不都是成功的。因此，创业不是那把人人都需要的钥匙。其次，储蓄应该也算一个，但常规做法是只节流不开源，一味地攒钱到最后收获的只是低水平的财富值。可见，攒钱不是有效的创富钥匙。最后，房产投资算是一把财富增值的钥匙。但是，能在这个领域做出成绩，必然要先完成原始积累，不是普通经济能力的家庭可以轻易涉足的。所以，房产投资只能是家庭收入提升后的选项，不能作为常规方式。

上述三把开启财富之门的钥匙各有其利弊和条件，并不适合所有人。那么，有没有一把容易获得、人人可操作，又不会使财富因通货膨胀而缩水的开启财富之门的钥匙呢？答案是理财。理财可以适用于各年龄段（老年人也可以理财）、各种收入水平的家庭（低收入家庭也可以理财）。将沉睡的财富激活，以正确的操作方法让其滚动起来，从而享受复利带来的财富增值。

因此，理财一定要早做打算，趁年轻，趁现在，抓住时机，果断行动，早日实现财富增值。

十年前同一起点，十年后天壤之别

人的一生中，最宝贵的时间就是青年、壮年、中年，加在一起有40多年，这是创造个人价值和个人财富的阶段，也是人生中理财的黄金时期。

十年，是一个更容易涵盖大多数人的时间线，哪怕已经五六十岁，仍然可以给自己规划出十年的理财时间，为自己争取到更多的财富。

同时，理财是一项长期目标，大部分人要进行至少二三十年的规划，相当消耗耐心，若不能将长期目标分解成小目标，则会降低理财目标实现的可能性。但是因为理财收益更多来自长期的力量，是积少成多汇聚而成的，所以，将长期目标分解得太小也不合适。十年，对于理财的周期来说是个中间值，不长也不短，既能保护人的耐心，也不会让人因为追求快速得利而陷入盲目理财的陷阱。

笔者建议，理财以十年为一个时间节点，比较一下理财与不理财的差距。不理财的人，只是关注自己的薪资收入；理财的人，除了固定的薪资收入，还会运用已有的钱"生"出更多的钱。一个不理财的人与一个善于理财的人，目前来看收入一样，但十年后二者的差距将令人吃惊。

十年前，甲和乙从同一所学校毕业，因为二人所学的专业相同，能力又不相上下，因此成了小白同行，薪资待遇一样。而且，两人都选择了留在北京打拼，除去租房费用和生活开销，一个月都能攒下 2000 元。甲没有理财意识，就是每月老老实实地攒 2000 元，攒够 20000 元后就去银行存一个定期。乙受父母影响，从上班的第一天起就给自己定下了理财目标，平时会关注一些理财产品，对基金、股票也在逐步摸索中。

工作三年后，两个人在差不多的时间段得到加薪机会，每月能攒 3000 元。又过了三年，两个人又几乎同时升职加薪，每月能攒下 5000 元。此期间，甲始终只选择活期转定期的攒钱方式（后来是每攒够 50000 元去银行存一个定期），乙则一直保持理财习惯。那么在收入条件基本相当的情况下，甲和乙同时工作十年后的财富差距有多大呢？

甲的财富很容易计算，前三年每月攒 2000 元，中间三年每月攒 3000

元，后面四年每月攒 5000 元，不算利息在内一共攒下 42 万元，加上定期和活期储蓄的利息，总存款不会超过 45 万元。

乙的财富就不容易计算了，因为他一直在让自己的财富滚动增值。前三年每月攒 2000 元，第四年时他将这些钱进行了基金定投，其后七年没有间断，年利率始终保持在 3%，十年后这部分的本息收益总数达到 28 万元，总收益率为 16.49%。

第一次薪资上涨后，刨除基金定投所需的钱，每月多出 1000 元，乙将部分钱进行了长线股票投资，陆续买入两只大蓝筹股，虽然收益不如绩优股，但表现稳定，又赶上牛市，这样，到他第二次涨薪时，这两只股票居然比最初买入价增加了一倍。虽然他总投入的 36000 元是陆续加仓的，但卖出时收益达到了 6 万元。他将这 6 万元买入了银行保本保息的理财产品，四年后收益为 65000 元。

后面四年每月刨除基金定投所需的 2000 元，还有 3000 元结余，选择货币基金、混合基金等进行递进式投资。这部分投资的本金是 144000 元，经过四年的理财操作，收益所得超过 8 万元。

将这三块财富相加，乙的财富至少是 57 万元。相比较甲的 45 万元，多出 12 万元。有人说，12 万元好像并不符合"十年后天壤之别"的论调，但对于工作仅十年的自己，这也算得上一笔不小的财富，可能因此就凑够了房子首付，或者购买了一辆车子，或者有了创业启动资金。

再说案例中的乙，他在回老家全款买了一套房子后，还结余了 15 万元，于是他果断辞职创业，希望利用自己的所学成就一番事业。挨过创业艰苦期，他的事业有了起色，恰好赶上行业爆发期，公司规模从最初的只有两个人迅速发展到 30 多人，自此在行业内站稳了脚跟。甲和乙一样，也选择了回老家全款买房，但在付完房款后，只剩下 1 万多元，他想继续在公司干两年，有点积蓄后再辞职创业，但就是这两年时间，恰好错过了行业爆发期，等到他创业时，行业正处于快速爆发后的动荡期，他的公司迅速被大浪潮吞噬。眼见积蓄化为乌有，只能再次成为打工人。

看到这里，大家或许就明白了"天壤之别"的真正含义了，十年前有同样的起点，十年后却是不同的落点。时间就是机遇，时间就是金钱，时间可以助力我们赢得未来。

理财与不理财，二者的时间线拉得越长，差距越明显。只攒钱，不理财，是对自己的辛勤付出不够尊重，也是对自己的未来不够负责。但是，不讲方法的盲目理财，同样对不起自己的努力成果。总的来说，首先，理财需要有明确的、可实现的目标，不能模糊多变，更不能好高骛远，只有跳起来够得着的目标才具有实践意义。其次，理财需要进行合理规划，如何划分自己现有的财富，如何整合自己当下的资源，如何巧妙地规避风险，又如何获得收益，都是理财需要提前考虑的。最后，理财是一项系统工程，需要胆识、见识、知识的不断进步和积累，急不来也拖不得。

通货膨胀是"吞金兽"

通货膨胀和一般的物价上涨，二者之间有着本质区别：一般物价上涨是指某个、某些、某类商品因为供求失衡造成的物价暂时、局部、可逆的上涨，不会造成货币贬值；通货膨胀并非商品的供求关系失衡，造成物价持续、普遍、不可逆的上涨，而是指物价总体水平的上升，即所有商品和劳务交易价格总额的加权平均数——价格指数的上升。衡量通货膨胀率的价格指数一般有三种：消费价格指数、生产者价格指数、国民生产总值价格折算指数。

造成通货膨胀的直接原因是，国家流通的货币量大于本国的有效经济总量。具体来说就是，国家基础货币发行的增长率高于本国有效经济总量的增长率，包括货币政策与非货币政策两方面（见图1-1）。

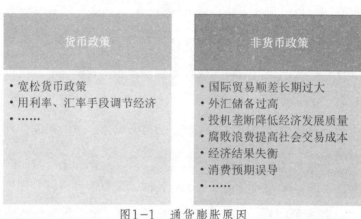

货币政策	非货币政策
·宽松货币政策 ·用利率、汇率手段调节经济 ·……	·国际贸易顺差长期过大 ·外汇储备过高 ·投机垄断降低经济发展质量 ·腐败浪费提高社会交易成本 ·经济结果失衡 ·消费预期误导 ·……

图1-1　通货膨胀原因

通货膨胀与经济发展二者关系不可分割。在经济发展过程中必然出现无效经济和供给偏差，隔些年就会出现的经济危机就是对无效经济的消化，这个消化的过程就会产生通货膨胀。我们来做一个假设，国家投放市场上的货币总量为1元，一位裁缝花1元钱买来一块布料，布料商人花1元钱买来棉线，棉线商人花1元钱买来棉花，棉农花1元钱从裁缝那里买来一件棉布褂子。市场上货物流通了4次，价值为4元，基础货币为1元。这个例子，是社会经济活动运转的简化形式。

一旦形成通货膨胀后，就会持续一段时期，这种现象就是"通货膨胀惯性"，这种惯性会让人们对未来通货膨胀的走势进行预期。

那么，通货膨胀给普通人带来的危害具体有哪些呢？

第一，通货膨胀会使老百姓资产缩水，物价上涨，购买力下降。

第二，通货膨胀后会使银行储蓄率下降，人们更愿意将存在银行的钱取出来，购买黄金等用于保值。

第三，通货膨胀会使企业成本上涨，利润下降，导致大规模裁员，社会失业率高。

通货膨胀给社会和人民的生活带来的危害如此之大，那么，通过什么方式才能够有效地抵御通货膨胀，让财富实现最大限度的保值呢？答案就是理财。

第二章 今日理财，决定未来

理财是一个人为了实现生活目标而管理自己财务资源的过程。理财是长期行为，40岁的财务状况由30岁时的财务管理决定，老年时的财务状况由青年时期的财务管理决定，未来的财务状况由今天的财务管理决定。

从储蓄时代到理财时代

为了更加从容地应对生活中的突发状况，大多数人都有储蓄的习惯，即便经济条件一般，也会很注意将剩余的钱存起来。储蓄是良好的理财习惯，也是我国国民居安思危文化传统的体现。因此，我国的储蓄率长期位居全球第一。

存款的方式有很多，但银行定期存款仍是人们的首选，因为它属于保本保息的理财产品，具有很高的安全性，银行仍然是"老百姓的保险柜"。

保险柜的优势就是保险，这是人们的常规认知，也是银行的正常状态。将钱存入银行，无论外界发生了什么，都会安安稳稳的。不过，存钱也讲方法，同样一笔钱，不同的人选择不同的存储方式，就会得到不同的收益。曾有银行经理表示："手握50万元存款，存对了一年可以多得1

万元。"

我们按照这位银行经理说这句话时的存款利息来算一算，如果选择活期储蓄，按照 0.35% 的年利率算，一年的利息也就 1750 元。常规是存定期，若选择定期两年期，按照 2.85% 的年利率计算，一年的利息是 14250元；若选择定期三年期，按照 3.25% 的年利率计算，一年的利息是 16250元。在存款利率越来越低的大前提下，这样的所得已经不算少了。

但是，这样的利息所得远非上限，因为存款的模式多种多样，不同经济能力的储户可以选择最适合自己的方式，将收益最大化。当手中存款达到 20 万元以上时，就达到了许多银行设定的大额存单门槛，大额存单的优势就是利率高，而且，年限越长收益越大。若存大额存单五年期的年利率按照 4.5% 计算，50 万元存款一年可以获得的利息是 22500 元。若想进一步提高利息收益，可以考虑规模比较小的银行，其存款的年利率会相对更高一点。比如，大额五年期储蓄的年利率可以达到 4.8%，50 万元存款一年可以获得的利息是 24000 元。

当然，选择大额定期储蓄需要承担短期用钱的利息损失风险，有些人因为常会担心突发状况急需用钱，所以不会存太长定期。具有风险防范意识没错，但如果因为风险防范导致经济受损也并不可取。人一生中需要用大钱的次数毕竟有限，而且通常都是可控的，如子女读书用钱、买房用钱、买车用钱等。不可控的意外是否一定会到来，无人知晓，储蓄的目的之一就是应对生活中的意外，但也无须时刻防范。如同做生意必然有赔有赚，不能为了防止赔钱而将赚钱的机会也放弃了。所以，我们在具备风险防控意识的同时，也要下调风险预警机制，理财是为了生活越过越好，需要有"半杯水心态"，若总是想着"意外什么时候会来"，那么为生活努力奔波就失去了意义。

之所以特别强调下调风险预警机制，是为了提升对财富的驾驭能力，财富就像手中的沙子一样，攥得越紧，沙子流失得越快。有太多人对待钱的态度就是如此，外部的任何变化都不能令其稍微松松手，好像只要手松一点，钱就会飞走了一样。

甚至有很多人做好了这样的准备：哪怕将来银行存钱不给利息，也会选择继续存钱，因为稳妥。相对于更为传统、简单的储蓄，其他理财方式总是让人将其与风险联系在一起。于是，银行出于竞争需要，推出了一些"保姆式理财产品"——保本保息。不存在损失本钱的风险，还能得到更高的利息回报，有银行这棵大树提供安全保障，这样的理财产品自然受欢迎，谁不愿意"躺赚"呢！不仅是理财，单纯的储蓄也推出很多优惠活动以吸引更多储户。储户选择的不仅是收益更高的，还得是损失少的，"靠档计息存款"就是在这种背景下应运而生的。

所谓"靠档计息存款"就是能在最大限度内将定期转化为活期的一种存款方式。如果储户定期存三年，但在一年半时就需要用钱，"靠档计息存款"可以按照靠近某一档的定期存款利率获得利息。而一般的定期存款则由于未能存满规定期限，银行会按照活期的利率计算利息。虽然"靠档计息存款"能为储户提供更多的利息保障，但因为破坏了存款市场的规则，已被央行叫停。一些收益过高的保本保息理财产品也将退出市场，对于仍想通过"保姆式理财"实现高收益的人来说，"躺赚"的时代已经过去了。

即便是银行推出的"保姆式"理财产品，也是理财方式中赚取利益较少的。任何要获得收益的事情，如果不冒险就不可能获得财富。银行的保本保息理财产品之所以敢于作保，是因为理财机构有更大的收益，可以借助储户的钱帮助他们实现大收益，然后拿出一部分收益来回馈储户。作为个体，我们的经济实力比不上理财机构，他们汇聚了大宗资金，我们只有个人存款，但资金不分多寡，投资不分先后，只要方向、方法对了，摆正心态，就能获得预期的收益。

我们需要正确理解理财行为，正确树立理财观念。为了不让自己的财富缩水，我们需要改变思维方式，变储蓄为理财。早培养理财思维，早掌握理财方法，早开启理财实践，早锁定中长期、高收益的理财产品，未来才有可能实现财务自由。

需要摒弃的观念

先来看一个故事。

现有甲和乙两人，都从事为村庄运水的工作。规定每运 10 次水，就会得到一份工钱。甲的想法是，凭自己的劳动运更多水，赚更多钱。因为追求运水次数，他每次将水桶装满后，便赶着马车在颠簸的山路上飞驰，水溢出不少，赶到时往往就剩下半桶了。乙的想法是，不能一直运水，要找到更快捷的运水方式。他不追求运水次数，每次将水桶装至四分之三处就封盖，也不让马车走太快，平平稳稳送到，水几乎不会溢出。

虽然乙运水的次数少，但总水量并不比甲少，导致村民对甲有些不满，但又需要两个人运水，只能继续留用甲。因为，甲运水次数多，每天都很累，停工后就放松休息；乙运水次数少，劳累感轻很多，便利用业余时间建造运水管道。

此后几年，乙将所赚的钱都投入运水管道的建设中，终于大功告成，他只需要通过开闸、关闸两个动作就可以收钱了。可以说，无论他是否工作，水都在源源不断地流进村庄，钱也在源源不断地流进他的口袋。

甲这几年都在日复一日地辛苦运水，虽然他口袋里的钱暂时比乙多，但因为运水管道的建成，村民也不需要甲一桶桶地运水了，他失业了。乙投资了当下，赢得了未来；甲守护了当下，输掉了未来。

甲和乙就代表着具有两种财富思维的人，我们用通俗的语言解释这两种思维：甲是辛苦地挣＋拼命地省＋一味地攒，乙是有计划地挣＋有方法地投＋有目标地赚。

这两种思维的区别，站在局外人的角度，会看得很明白。就像我们既不是甲，也不是乙，但对于这二人的选择和结果看得一清二楚，如果不出意外的话，乙的未来一定比甲好。甲只有一直干下去，才能维持正常生活；乙则实现了"躺赚"，轻轻松松就有收益。但如果我们是甲或乙，会怎样选择呢？或许和甲一样，眼光和思维只停留在眼前的工钱上；或许像乙那样，大胆地投入所得，搏一个更好的未来；或许也明白工钱只是杯水车薪，但仍然不敢迈出突破自己的第一步。

有人说："局外皆高人。"但是，我们无法做生活的局外人，只能在生活这个最艰辛、最复杂、最无法预测的局内搏杀。正是因为赚钱不易，所以，太多的人选择做甲，纯粹提水桶，纯粹靠工资，虽然知道这样的选择并不靠谱，但最起码眼下是安全的。对于自己辛苦赚来的钱，宁愿贬值、外借（通过银行放贷），也不愿把它利用起来。一份时间换取一份金钱，用最宝贵的时间赚到的钱却抵不过通货膨胀。

我们必须清楚自己将要面对的未来：是"攒钱时代"向"花钱时代"转变。所以，从现在开始，你很有必要建立起自己的人生"理财管道"。财富不是"攒"出来的，而是"花"出来的。这不是在鼓动大家盲目消费，而是告诉大家，要学会合理花钱，通过正确的花钱方式，让自己的钱生出更多的钱。

说到理财，就不得不提经济大势，经济发展的走向决定着人们对待财富的态度。二三十年前在银行储蓄有超过 10% 的利率时，人们选择储蓄，既安全又不妨碍增值；十几年前房价开始抬头，一些人抢占了先机；股市的熊牛交替，也让一些人赚得盆满钵满。这些都可以看作理财行为，但这种单一形式的高收入理财方式在未来几乎不会再有了。仅 2021 年，居民投资理财领域就出现了三大变化。

（1）楼市面临全面管控，房产投资稳赚不赔的时代成为过去时。

（2）刚性兑付被全面打破，未来任何理财都存在"亏"的风险。

（3）市场利率越来越低，"躺着赚钱"的模式一去不复返。

这三项变化中，第一项对生活的影响最大。我国居民家庭资产配置仍以实物为主，住房占比近 70%，股票、基金、有价证券等金融资产占比约 20%。随着房产调控的持续深化，楼市正慢慢剥离投资属性，向居住属性回归。投资房产的热钱减少，意味着投资金融资产的热钱必将增多，居民家庭资产配置将逐步向金融资产占比趋高，房产占比趋低转化。

未来，居民资产配置由房产向金融资产转移是长期趋势，以获得长期稳定的收益，如银行理财、基金、股票、期货、信托等。在过去几十年都未能抢占金融先机的人，在这一转型期不要再被落下，适当调整自己的理财风险指数，"低风险高收益"的理财时代已经过去了，未来趋势是"低风险低收益"或者"高风险高收益"。

在此强调一下，鼓励大家理财，不是鼓励大家盲目地去冒险，世界上没有免费的午餐。就像"免费的是最贵的"一样，风险和收益是永远并存的。理财需要冒一些风险，所以我们要学会如何应对和规避。比如，通过不断的学习提升自己的理财知识，通过实际操作来锻造自己的理财能力，通过对抗失败来锤炼自己的理财理念。风险是客观存在，不可避免的，我们只有用科学的、系统的方法，才能将风险系数降低。

归根结底，理财不只是技术问题，也不是凭借胆量大小，它是一种思维方式。一个真正的理财高手的思维模式和常人是不同的，他们具有与时俱进的理财思维。

理财规划，一寸光阴一寸金

"一寸光阴一寸金"是古代人对珍惜时间的劝诫，浪费时间就等于浪费生命。将这句话用在理财上，仿佛更加贴切，时间就是金钱，早一天理财就早一天受益。

理财是让钱生钱的最佳途径之一，当然理财不一定就是爱财，更多理财的人是源于热爱自己的生活。让自己生活富裕起来，不再为钱所困，让钱归钱，生活归生活，这就是财务自由。

一个朋友从 2018 年开始理财，那时除了选择银行的活期和定期理财产品外，对于其他一切与理财有关的概念全都不知道。实际上，即便知道活期储蓄与定期储蓄的区别，他也没主动尝试过，只是随意地将钱放在银行里获得一点活期储蓄利息。

"过去三年多时间里，我先后尝试了很多理财产品，慢慢才发现，将钱放在银行里吃利息，完全是对自己的钱不负责，更是对自己的人生不负责。"朋友之所以懊悔是因为他发现，越是理财，越能体会那种钱生钱的好处，也越是意识到自己前几年的时间都浪费了。朋友说他不止一次地幻想过，如果提早十年理财，自己的人生会有怎样的变化。也就是说，很多时候，我们应该把眼光放得长远一些，转变理财思维，才会发现真正的生财之道。

投资理财越早开始越好，甚至理财思维应该从娃娃抓起。如果一个人在很小的时候就具备了理财思维，其未来几乎每一步都会走得比同龄人更快。

理财不是单指购买增值产品的行为，因为行为有时是被动的，就像看到别人炒股，自己也要进场一样。理财应该是一种思维，是主动地让自己的钱不断生钱，让自己变得富有。

理财的方式与年龄阶段密切相关，这也是我们将本书以人生不同阶段划分篇章的原因。随着年龄的增长，投资者需要把自己的资产组合包的风险敞口逐步收敛。比如，去掉融资杠杆或者降低权益类配置，增加不同的资产大类配置，品种逐年趋于分散。因为投资者的生命周期是不容抗争的，人力资源的价值必然伴随时间的推移而出现变化（多数是降低，少数是提升）。

对于大多数普通人来说，人生中最具有勇气的时候是收入最高的阶段，也是理财收益的高峰阶段，如果因为理财意识确立得晚而错过了，就会非常遗憾。下面，我们将越早理财与财务自由之间的关系以图的形式呈现出来（见图2-1）。

图2-1　越早理财与财务自由之间的关系

如果已经错过了理财收益的高峰阶段呢？后知后觉也比不知不觉强，既然意识到了理财的好处，就要赶紧行动起来，不要再为过去遗憾。理财当然是越早越好，但每个人的情况皆不相同。那么，在哪个时间开始才是最佳的时间呢？不是以前，不是未来，而是现在，就从意识到理财重要性的这一刻开始。

你或许会想，我现在已经人到中年了，失去了宝贵的青年阶段，现在理财还有机会在老年阶段实现财务自由吗？理财的最高目的是实现财务自由，但不是必须实现这个目的才叫理财成功了。想一想，如果从中年开始理财能让自己未来的财富增加30%，难道这不是成功吗？这30%的收益是自己动脑筋赚到的。理财还会给我们带来一种潜在的无法估量的收获，很多具有理财思维的人，不仅懂得如何存钱、生钱，还会想办法多挣钱，这才是真正的开源。也就是说，具备理财思维的人，会更加懂得赚钱的方式，不理财的人和他们的差距会越来越大，哪怕是从中年开始，也会形成指数级差距。

理财，建议从你收到第一份工资就开始。如果那时你没有开始，那么当你看到这本书后马上开始，也并不算晚。

投资理财，方向比速度重要

对于投资理财如何获得成功的认识，有人认为方向更重要，有人认为速度更重要。认为方向更重要的人，理由是方向错了，速度越快错得越多；认为速度更重要的人，理由是方向再正确如果不及时出手，也无法获得收益。

对比二者的理由可知，认为方向重要的人将时间当成了朋友，主张稳中求胜；认为速度重要的人将运气当成了伙伴，追求险中求胜。前者是长线思维，后者是短线思维。那么，对于长短线思维，究竟如何判定优劣呢？

著名投资大师沃伦·巴菲特曾说："成功的投资需要时间和耐心。"时间是投资中最大的杠杆，从交易行为本身来看，短期交易的通道永远是最拥挤的，99%的人都希望在短期交易中获利。作为一个群体，这是不可能实现的，大多数人都会被挤下来。也没有人能够一直在短期交易中获胜，因为短期操作偶然性更大；长期交易的通道非但不拥挤，还很宽松，因为长期操作规避了偶然性，比短期的获利更加清楚。

再厉害的人也很难判定明天的股市走势如何。但是，长期股市的涨跌一定和经济增速有关，一定与出现的经济大事件有关。对此，通过学习积累是可以有所把握的。我们说时间是复利的"朋友"，投资的时间越长，每一次利滚利的本金就越多，收益自然越来越大。

许多人看不上一年25%的收益率，尤其是在本金少的情况下，但是，如果加入时间因素后，年化目标收益率就具有吸引力了。连续10年25%的收益率是10倍，只要能保持，20年就是100倍，30年就是1000倍，40年就是10000倍……但是，绝大多数投资人根本不会坚持三四十年，甚至10年都是奢望。他们更看重那些一年就能得到10倍、20倍的回报率。不知道有没有听过一句话：盈亏同源。期盼高收益的投资行为，就像抛硬币大赛一样，运气成了主角，运气会成就你，也会毁灭你。

受困于时间这个维度，就会让我们的视野受到巨大限制，看不清投资的目标和方向。抵御短期赌运气的投资心理的良好方法是通过不断学习、积累和实践，先选出有价值的公司，然后，长期与这样的公司价值绑定。巴菲特告诫我们："时间是好公司的朋友，是平庸公司的敌人。"在长期投资中，行业和企业的选择对最终的投资收益起着决定性作用。这与著名的"雪球效应"如出一辙：只有找到很湿的雪和很长的坡，雪球才能越滚越大。选对了"赛道"，就意味着投资成功了一大半。

国内"神股"贵州茅台，2001 年上市时每股发行价为 31.39 元，20 年过去，贵州茅台已经成为 A 股市场耀眼的存在，常在 2000 元 / 股的高点徘徊，巅峰时站上 2600 元 / 股。可能你会问：谁能持有一只股长达 20 年呢？我们作为一个普通投资者，不要永远想着在最低点买入，在最高点卖出，因为这是不切实际的，我们吃主升段就可以了。就像贵州茅台，我们可以在每股 100 多元时买入，在每股 500 多元时卖出，投资收益就增加了 4 倍，在资本市场就是非常高的收益了。我们也可以在每股 600 多元时买入，在每股 1200 多元时卖出，得到 1 倍的获利，这也是较高的收益。何时买，何时卖，主要取决于自己对投资收益目标的制定和止盈点的设定。

通过提高自己对事物的认知，把握时代的方向和潮流，坚持用长期的时间维度思考和执行，就会收获复利，而复利是时间杠杆对正确事情的最好回报。

加强对闲置资金的管理

看到"闲置资金"这几个字，有的人觉得与自己无关，因为自己挣得不多，攒的钱也少，没什么闲置资金。尤其对于初入社会的年轻人来说，他们更不认为自己会有闲置资金。在此，我们必须树立一个观念，即闲置资金未必是大笔资金，而是每月的预留资金或应急资金。

假设我们每月的生活开销预算是2000元，但我们不能只留出2000元，毕竟还要应对生活中随时可能出现的未知数。比如，人情份子钱、突发性疾病治疗费、一场不算严重的交通事故等，这些都是计划外支出，就会打破开销预算。这就要求我们每月都预留出一些闲置资金，或者经常性地预留出一些应急资金，虽然这些资金不一定会用到，但必须有。闲置资金不适合做定期存款，也不适合投资股票型、混合型基金，通常会被放在银行卡里赚一点活期利息。因为活期利息很少，闲置资金的数额也不会太大，存放活期就是以备不时之需。

不仅是少量资金容易被闲置，大笔资金也会被闲置。这个说法可能打破了一些人的常规认知，毕竟没人会让大笔资金白白地躺在那里"睡大觉"，哪怕是选择最简单的定期存款。与少量资金的常年闲置不同，大笔资金往往是极短期的闲置，因而容易被忽略。比如，国庆节假日期间，沪深证券交易所、上海黄金交易所和上海期货交易所全部休市，通常用于炒股、炒黄金、炒期货的资金量都不会太少，空仓资金在节假日期间没有任何收益。一周时间不长，如果合理运用一些理财工具，就会得到一些额外收益。对于大多数现代人而言，可能就是少刷一会儿手机的工夫就能进行一次短期理财了。

一位朋友打算买车，预算是15万元到18万元，于是他准备了18万元资金放在银行卡里，随时准备着下单。但选车的历程并不顺利，耗时三个多月。这18万元看似并非闲置，因为已经有了明确的消费目的，但在等待被消费的三个月时间内就是闲置的，因为没有真正派上用场。这就是为什么强调要管理闲置资金，因为普通人的可支配资金本就不多，每一笔钱都要尽可能地利用起来，让钱多生出一些钱！因此，有人选择运用一些理财工具，将购房、购车等大笔资金在等待阶段利用起来，让即将不再属于自己的钱在最后为自己创造一些利益。

闲置资金的数额越大或者时间越长，满足这两个条件其中之一，就越必须认真考虑这个问题，让闲置资金不再闲置！

1. 短期档

一些银行会推出超短期理财产品，如期限 7 ~ 14 天，主要投资于债券和货币市场等低风险金融工具，大多承诺保本。如某银行将推出的产品起始购买金额分为三个档次：第一档起始购买金额为 10 万元，预期年化收益率为 2.5%；第二档起始购买金额为 100 万元，预期年化收益率为 2.6%；第三档起始购买金额为 500 万元，预期年化收益率为 2.7%。

2. 时间差

关于时间差的解释，仍以十一长假期为例。一般情况下，十一长假后的股市、期市和黄金市场恢复交易时，有的银行理财产品尚未到期，存在时间差。以浦发银行产品为例，收益起始日期为 9 月 30 日，结束日期为 10 月 11 日，而股市于 10 月 8 日恢复交易。那么购买该产品的资金在 10 月 8 日就无法投入股市，若此时想投入某绩优股，就会错过机会。因此，若投资者希望"无缝对接"，就必须做出更为灵活的理财时间规划。

3. 逆回购

逆回购是指资金融出方将资金融给资金融入方，收取有价证券作为质押，并在未来收回本息，并解除有价证券质押的交易行为。回购方是接受债券质押，借出资金的融出方；正回购方是抵押出债券，取得资金的融入方。

逆回购净收益 = 收入 − 成本

成本 = 成交额 × 手续费率

收入 = 成交额 × 年收益率 × 回购天数 /365 天

个人投资者可以通过证券交易所把资金借给机构投资者，这种操作被称为"逆回购"。逆回购风险低，如果操作得当，收益率就颇为理想。2020 年 3 月 30 日，中国人民银行以利率招标的方式开展了 500 亿元逆回购操作，期限为 7 天，中标利率较上期下降 20 个基点至 2.2%。

4. 其他

（1）约定转存：一般工资卡里的钱属于活期存款，想进行固定储蓄，又不想总是跑银行，可办理工资卡的约定转存。

（2）定投：选择"工资卡 + 定投"的搭配组合，定投的最大优势在于通过强制储蓄的机制，强化投资者的日常资金积累。

（3）挂钩信用卡：将信用卡与工资卡挂钩，定期打入的工资收入能有效保证还款的及时性，不仅有利于建立良好的信用记录，还能避免产生罚息费用。

复利是强大的力量

爱因斯坦曾经说过："复利是世界上最强大的力量，其威力比原子弹更大。"

在前文中，我们也曾提到过"复利"一词，那么，复利究竟是什么呢？复利是指在计算利息时，某一计息周期的利息是由本金加上先前周期所积累的利息总额来计算的计息方式。通俗一些的解释就是，一笔存款或投资在获得回报之后，再连本带利地进行新一轮投资（每一期的本金数额是不同的），因此，复利也称"利上加利"，用民间的说法就是"利滚利"。

但是，复利并不是高利贷，一直以来，国家一直在打击高利贷的违法行为，因为高利贷不仅计息高，而且"利滚利"，只要不能一次性地将所欠本息还清，欠款人就等于掉入无底洞，欠款越欠越多。即便如此，在一夜暴富思想的驱使下，民间借贷仍屡禁不止。

当然，复利的本质是让钱生钱，让钱为你工作，而不是用于违法犯罪。所以，我们要学会将复利的价值利用起来，将自己的钱以复利的形式快速增值。

这里有两个关于复利的概念需要了解：复利现值和复利终值。

（1）复利现值是指在计算复利的情况下，要达到未来某一特定的资金金额，现今必须投入的本金。

（2）复利终值是指本金在约定的期限内获得利息后，将利息加入本金再计利息，逐期滚算到约定期末的本金之和。计算公式是：$F=A(1+i)^n$。

该公式也是复利的计算公式。通过该公式可以更加直观地理解复利终值：在期初存入 A，以 i 为利率，存 n 期后的本金与利息之和就是 F。

例如：甲今年 25 岁，计划投入 2 万元本金，选中一款年投资回报率为 3% 的理财产品（为方便理解，假定年收益率恒定不变），投资年限为 30 年。那么，甲在 30 年后所获得的本利收入，按复利计算公式计算本利和（终值）是：$20000×(1+3\%)^{30}$。

通胀率和利率的关系就像是一个硬币的正、反两面，所以，复利终值的计算公式也可以用以计算某一特定资金在不同年份的实际价值。只需将公式中的利率换成通胀率即可。

那么，如何计算多次等额投资的复利现值呢？就需要用到下面这个公式：$A=Fi/[(1+i)^n-1]$。例如，甲想在此后 30 年时间内积累出 300 万元的养老金，假定投资的平均年回报率是 3%，可以通过目标 300 万元倒推出每年所需投入的本金：$3000000×0.03/[(1+0.03)^{30}-1]$。

经过计算后，甲意识到想要在 30 年的时间内积累 300 万元，每年投入 2 万元是远远不够的，需要每年投入 6 万元，也就是每个月都要拿出 5000 元作为理财投资。复利终值的具体计算公式则为：$F=60000×[(1+3\%)^{30}-1]/3\%$。得到复利终值为 2854524.94 元，其中，甲的总存款本金为 180 万元，获得的利息总和为 1054524.94 元。

对于刚毕业的职场新人，这样的经济压力着实不小，但为了将来的美好生活，甲清楚自己必须不断努力，提升工作能力，以期尽快升职加薪，提升生活质量。

看来，具备理财意识的人，人生目标也变得清晰明朗起来，不再是"当一天和尚撞一天钟"的状态。每个月固定的理财支出，会催动自己奋斗的动力，看着通过自己的努力不断增长的财富，又给了自己奋斗的信心，这是正向促进。

通过复利理财操作，甲的投资总收益率达到了58.58%。仅仅是通过3%的年收益率，就最终将自己的资产纯增值2/3。如果你仍然不能通过这个案例感受复利的威力，我们可以将案例年限缩短，看看单利和复利二者之间的差异（见表2-1）。

表2-1　单利和复利二者之间的差异

年限	年收益率%	单利/元		复利/元	
		投资本金	利息	投资本金	利息
第1年	3	50000.00	1500.00	50000.00	1500.00
第2年	3	50000.00	1500.00	51500.00	1545.00
第3年	3	50000.00	1500.00	51545.00	1591.35
合计			4500.00		4636.35

通过表2-1可以看出，复利理财三年，利息比单利理财三年多出了136.36元，这些钱只是因为选择了某一种理财方式凭空获取的。或许你看不上这一百多元钱，觉得对于庞大的资金需求来说没什么意义。但是，你要认真想一想，在不需要任何额外付出的情况下，你的本金增加了，你的收益增多了，投资求的不就是不断扩大本金和收益吗？如果选择单利，无论过多少年投资本金仍然不变，收益也不变，对于本金不断增加的人来说，收益就会随着投资年限的延长呈现出巨大的差距，甚至是几何级差距。

有一个古老的故事，它显示了复利效果的威力。一位国王要重赏发明国际象棋的聪明人，问他想要什么，聪明人回答说只要一些麦子就够了。具体的要求是，在棋盘的第一格里放一粒麦子，在第二格里放两粒麦子，在第三个格子里放四粒，依此类推。以后每一个格子里放的麦粒数都是前一个格子的两倍，直到放满棋盘的 64 个格子。国王认为这个要求很简单，就同意了。但很快国王就后悔了，因为他发现即使将整个国库里面的粮食都给他，也填不满半个棋盘。

1626 年 5 月 24 日，荷兰人从印第安人手中买下了纽约曼哈顿，成交价在当时的价值约为 60 荷兰盾（约合 24 美元）的玻璃珠子和其他商品。如果在约 400 年后的现在，印第安人想买回曼哈顿，他们需要至少支付多少钱呢？有人计算过，至少需要 2.4 万亿美元。经过 400 年的增值，24 美元增加了千亿倍。

这就是复利的力量，让积少成多有了一条快捷的途径。普通人只能从不多的积蓄开始，只要满足了复利三个要素后，它就会发挥威力（见图 2-2）。查理·芒格说："理解复利的魔力和获得它的困难，是理解很多事情的核心和灵魂。"

图2-2　复利的三个要素

第一笔资金并不一定需要很多，只要有一笔小积蓄就可以开始了。投资要趁早，每天增多一点点，只要时间越长，复利的曲线就会越来越陡峭。复利中很重要的就是每年保持相对稳定的增长率，不追求特别高，以稳为主。金融投资不是创业投资，不需要大起大落，时间越长，稳定性越高，收益越大。沃伦·巴菲特曾告诫每一位投资者："投资的第一原则是不要亏损，第二原则是永远记住第一原则。"

第二篇

资产配置和理财工具：
优化资产配置，善用理财工具

第三章　资产配置攻略

投资是为了获得固定化的收益，实现对自己资金价值的掌控。所以，需要构建安全性更高的投资组合，以进行更加动态化的资金管理。无论你是刚刚起步的投资新手，还是身价已过千万元的"牛散"，资产配置都是必须掌握的投资理念，同时也是可以永续的投资方式。

资产组合分散化

金融市场变幻莫测，很可能今天一觉醒来就忘记了昨天的模样，但是，金融市场却有恒定规律，就是利益当先。在风云变幻的市场里获取自己的利益，是每个投资者都在努力着的目标！但难度非常大，而且越来越大。

是万里挑一，还是万里挑 N 更有利于增加收益呢？答案就是，投资组合越集中，获得超额收益的机会就越大。如果万里挑一选择正确，则收益是最大的。如果仅从利益角度来看，集中投资是正确的。但是，过于集中的投资极大地增加了超额亏损的风险，当万里挑一选择错误，则亏损是最大的。分散投资可以有效降低投资风险，但收益也会有所下降。因此，从风险角度来看，分散投资是正确的。

收益和风险是并存的，因为没有不担风险的收益。我们唯一要做的是，将风险降到最低，并且在此基础上提高收益。所以，投资不能将所有鸡蛋都放在一个篮子里，防止全军覆没。理财不是盲目行为，在任何时候都要考虑到风险的存在，再好的机会也不能用赌博的心态面对。"万"里极难挑中想要的"一"，所有人都知道在正确的时间买入一只正确的股票，在正确的高点卖出，就有机会实现一本万利。但需要选对市场赛道，需要选中绩优龙头，需要找准高抛低吸点，需要握紧持有，因为任何一个环节失之毫厘则谬以千里。

想法很完美，但实际操作时很困难。关于如何确定正确的时间、如何选定正确的股票和判断正确的高点，远非想象得那样简单。

人们以为，正确的时间是整体市场表现好的时期，这个时候好像买什么都会赚，但是，现实真的如此吗？牛市过后，一片狼藉，被收割的远比得益的多。有太多的人在牛市某个阶段赚了钱，却在牛转熊后迅速倒回。实际上，无论牛市还是熊市，都有赚有赔。所以，正确的时间并非针对整体大盘，而是板块表现和个股价值。

人们以为，只要选对行业龙头，就不用担心价值下跌，只需思考涨几倍的问题，其实不然。2010年，苏宁易购作为电商上市公司的代表，股价在五年时间里暴涨30倍，而且，线上、线下齐开花，被各家机构追捧为中国的"亚马逊＋沃尔玛"。这就符合了"当前市值规模处于全行业甚至市场头部的上市公司，就是优秀投资标的"的判定规则。但随后的事情我们都知道，苏宁易购并没有像外界预期的那样发展成为电商龙头，股价长期萎靡不振。

人们通常都是通过某家公司的股价暴涨好多倍，才认定其已成为或将成为龙头企业。但这种认定代表的是过去的辉煌，因为行业龙头总在不断更新，大企业的生命力并不像我们认为的那样坚韧。未来十年能继续保持经久不衰的公司不会超过5%，但可怕的是，投资者们往往只能在事后才知道。所以，即便当下选对了龙头，也不等于选中了"长期饭票"。所谓长期持有的行业龙头股，看似稳妥，但如果押错也将有可能造成亏本。

事实上，投资行为仍然很相信长期的力量，长期持有可以帮助投资者规避震荡期的风险。但能否长期持有，并非想一想就能做到，而是跟投资状态有关。急于求成的人和集中投资的人，都不可能做到长期持有。越是集中投资，越难以长期持有，因为集中投资很容易压垮投资者的承受力，即便选中了一个优秀的长线投资标的，也会因为投入了大半身家甚至全部身家以致变得惶恐，从而难以承受过程中的巨幅股价波动，很容易自我否定，于是，在股价起飞前就卖出了。如果投入的资金占总资产的比例不大，心态就会从容很多，股价震荡不会影响判断力，持有会坚定许多。

选中优秀投资标的，既需要高于平均水平的投资能力，有时候还需要一点点运气，但是，我们没有必要用自己的一生去博弈这样的小概率事件。投资理财的目的是让自己活得更好，首先要保证自己活着，其次才是盈利。再厉害的投资者也不可能一直稳赚不赔，俗话说得好："常在河边走，哪有不湿鞋？"那么，如何校准收益与损失的天平，让自己成为长期投资的真正赢家呢？建议将资产分散化，让自己的钱各司其职，各就各位。

其中，资产分散分为资金资产分散和投资资产分散两部分。资金资产分散，是将个人或家庭的所有资金资产分为若干份：一份用于低风险低收益投资，但其收益高于常规储蓄（40%）；一份用于高风险高收益投资，如买股票、期货等（20%）；一份留作应急，做一些低收益的短期储蓄（10%）；一份留作固定储蓄，这部分是没有特殊情况不可动用（30%）。具体如何划分比例，依据个人经济能力和投资能力来操作即可。投资资产分散，是将个人或家庭用于投资的资产分为若干份。比如，投资股票多少钱，投资基金多少钱，投资期货多少钱等。再进行具体划分，用于投资股票的资金，买几只股票，哪只股重仓，预留多少现金等。

分散投资的特点除了可以降低风险外，还能获取更多的长期收益。投资如同种树，从树苗成长为大树需要足够长的等待期。如果只种一棵树，那么各种意外都可能夺走它的生命，长时期的等待将一无所获。所以，要多种树，但如果种得太多就会照顾不过来，成活率就会降低，弄不好最后不仅白受累还赔钱。所以，要适度增加播种数量，以提升成功概率。

仍以投资股票为例，个人建议普通投资者，将用于投资股票的资金至少分配给五只以上不同行业的股票。若现有的资金量和时间精力无法实现，可以先投资自带分散投资属性的指数基金。将资金分散投资到不同的证券，选择指数化的投资，当投资种类增多后，可以构建一个大类资产配置组合。投资的多元化程度越高，越能抵御市场动荡带来的冲击。

投资组合分散还有两个维度可供参考。

1.时间上的分散

分散投资的一个维度是时间分散。资本市场具有周期性，指数（如股指）很可能会在不到半年的时间内就有30%以上的振幅，这种震荡既让人兴奋，也让人恐惧。震荡之中既有差价可赚，也可能被震走财富。投资者能够准确把握震荡波幅的概率很小，即便找到了，也往往因为没有设置止盈率，导致高点不出。所以，为了抵抗市场震荡带来的影响，也为了抵抗内心的不稳定，定期地分期分批进入市场是最好的选择，以"定投"方式在固定的时间节点进行布局。定投布局作为一种高容错率的资金管理模式，特别适合现金流比较稳定的个人投资者，可以帮助个人投资者避免因为一时冲动在高位一次建仓。

2.选择相关度比较低的行业和证券做组合

分散投资的另一个维度是行业分散。行业通常具有"一荣俱荣，一损俱损"的特性，即当一个行业行情高企时，麻雀也能变凤凰；当一个行业行情走低时，凤凰也要缩起来。而且，行业间有相关性，一个行业的行情波及另一个行业行情的情况十分常见。因此，如果选择配置高相关性的行业，无法起到真正分散的作用。如果选择那些"风马牛不相及"的行业进行配置，那么一个行业一旦走低了，就可能在同一时期另一个行业正在走高。这样一来，不仅风险被抵消了，还有盈余的机会。

资产配置思路

资产配置思路，既可以是将个人或家庭的总资产进行配置，也可以是将个人或家庭的投资部分资产进行配置。本书重点阐述投资资产的配置思路。

价值投资之父本杰明·格雷厄姆在《聪明的投资者》一书中提出了资产组合的概念。由于股票和债券与宏观经济都有密切关系，但又呈现明显的负相关。假设未来股票市场的年收益率是10%～13%，债券的年收益率是5%～8%，如果将股票和债券各按50%进行配比，能够获得平均7.5%～10.5%的年收益率。这个投资回报率是相当可观的，因此，可以将高收益率的股票配置额度，配置比例下调至不低于 25%，就可以满足普通投资者的基本需求。另外，也可以将股票配置额度上调。比如，将其上调至 75%，可以得到更高的收益，但风险也会相应提高了。对于理性的价值投资者而言，制定的任何投资策略都应该把风险控制放在第一位，综合权衡风险与收益，永远不要参与负和游戏，因为负和游戏中的风险是不能通过收益得到补偿的。

理论上，风险和回报是对称的，如低风险 / 低回报、高风险 / 高回报，但也并非常态。在普通者的实际投资行为中，高风险 / 低回报的情况好像更为常见，往往发生在市场泡沫阶段去建立一个股票组合做长期投资；低风险 / 高回报的情况也会出现，通常是在市场低迷的时候建立一个股票组合做长期投资。

说到风险与回报，就不得不提一下"资金管理利器"——凯利公式，也称为"凯利方程式"。该公式于 1956 年由约翰·拉里·凯利在《贝尔系统技术期刊》中发表，可以用来计算每次投资游戏中应投注的资金比例。若投资的期望净收益为零或为负，凯利公式给出的结论是不投为赢。

凯利公式为：$f=(bp-q)/b$。

其中，f 是投资比例；b 是投资可得的赔率（不含本金）；p 是成功概率；q 是失败概率，即 $1-p$。

正和游戏：期望值（$bp-q$）为正，参与者有较大概率胜出。

零和游戏：期望值（$bp-q$）为零，无明显优势，没有投资价值。

负和游戏：期望值（$bp-q$）为负，参与者完全处于劣势。

假设有甲和乙两个人进行投资。

甲投资有 30% 的机会赢得 100 元，70% 的概率输掉 40 元，得出的期望值 =2，就是正期望。

乙投资有 60% 的机会赢得 20 元，40% 的概率输掉 35 元，得出的期望值 =–2，就是负期望。

仅从胜率上看，乙投资的胜率比甲投资的胜率高 1 倍，乙输掉的概率也比甲输掉的概率低很多。甲唯一的投资优势是收益率高，如果甲一直进行这种正期望投资，只要博弈次数足够多，最终大概率会实现盈利。反观乙，虽然胜率高出甲 1 倍，但因为收益率低，他进入了负和游戏，参与的时间越长，最终输掉得越多。因此，投资是时间与概率的游戏，追求风险收益比的长期主义者终将胜出。

经济学家哈里·M.马克维茨在《资产组合选择：投资的有效分散化》一书中首次建立了均值和方差模型，并对资产的风险和收益进行量化。将投资资产组合分布在不相关的资产之间，可以增加收益，减少风险。即便各资产之间的涨跌周期存在着巨大差异，长期依然能帮助投资者实现可观的投资收益。

对于投资资产配置的理解，很多人都有一个误区，即当资产达到一定规模后，才考虑让自己转型为稳健投资者。实际上，当资产尚未达到规模，甚至还很少时，更应该集中投资，让自己的财富快速迈上一个大台阶。

其实，投资资产的配置并不受资金体量限制。比如，全球资产配置头号玩家的耶鲁大学捐赠基金，在最近 30 年里采用积极的资产配置策略，实现了超过 12% 的滚动年化收益率，如今资产规模已超过 300 亿美元。普通投资者的资金规模则小很多，但市场中会有很多实现超额收益的机会。在现实投资中，资本市场就如同一个永不停歇的钟摆，资产价值处于正中间位置的时间很短暂。所以，获取投资收益不仅仅借助上市企业内生价值成长这一条路，还可以利用市场情绪波动、信息不对称等造成的错误定价机会，为自己创造额外的收益。

资产配置框架

作为普通投资者，投资行为会受到三个现实因素的限制：一是因为收入不高，拥有的资金非常有限；二是因为不是专业投资者，投资生涯多为半路出家；三是因为是兼职操作，用于打理投资的时间并不充足。也就是说，要在有限的本金、有限的能力、有限的时间基础上，加上有限的耐心情况才能做出看似合理且大概率制胜的投资选择。想一想，难度真的挺大的，毕竟成功都具有稀缺性。

假如找到了一个长期投资且回报率非常不错的产品或策略，要如何操作呢？是要一直追加投入，还是初期投入后就远远观望呢？这两种选择都不是最佳的投资实操方法，前者属于"添油战术"，会拉高自己的投资成本；后者属于"跟钱有仇"，有价值的时候该追投也不能手软。

正确的做法是，还要考虑当前的投资品类或策略在何种情况下应该继续，在何种情况下应该停止。如果在投资资金重仓股票时，赶上了大熊市，要不要继续下去呢？如果家中遇到特殊情况需要一笔资金，该停止投资还是暂时用家庭储备资金度过呢？如果投资启动了杠杆，那么在市场剧烈震荡时是否该坚持，被强平清仓了怎么办呢？

此外，每个人因为年龄、教育背景、家庭背景、工作能力和所处行业的不同，具备不一样的风险抵御能力。因此，投资者必须结合自身的实际情况，设计于自己最为有利的投资方案。

但是，很多人在进行投资之前没有过多考虑，只想到投资就是为了赚钱，甚至认为只要投资就会赚到钱。这种投资行为是非常盲目的，不知道自己该投入多少钱，想收益多少钱，该不该启动杠杆，以及该启动多高的杠杆。

在此必须重点强调：在设计战略性投资时，需要具有一定的前瞻性。因为资产配置规划将长期考验个人的投资性格、工作特性、家庭背景、风险承受力等方面。鉴于投资行为与个人实际情况的高度相关性，个人投资者要设计一个完善的资产配置计划，需要从目标、战略、战术和调整四个方面入手（见图3-1）。

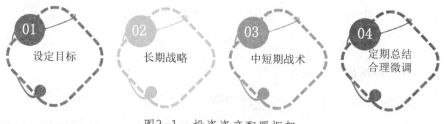

图3-1　投资资产配置框架

1. 设定明确的、可行的投资目标

投资不是为了投资而投资。有些人跟风投资，看别人买股票，自己也要选几股；看别人买期货，自己也想尝尝鲜；看别人炒外汇，自己也想分杯羹……投资行为应该是心理主动的，是能力引导的，是水到渠成的。

投资也不是为了一夜暴富。在本金有限的情况下，合理的长期投资是无法快速致富的。财富的积累需要过程，违背事物的发展规律是要受惩罚的。

因此，一个完善的长期投资目标，由投资期限、投资目标值、预期收益率等三个要素构成。

投资目标应根据自己的投资能力和能够承受的风险范围，进行适度的上调或下调。按照初步计划的投入金额和预期收益率，能大概推算出若干年后自己的财富额度。

预期收益率以预期年化收益率为参考标准，而预期年化收益率则要参考过去一段时间（以20年为宜）资本市场的年化回报率。假设过去20年资本市场的年化回报率为12%，暂时剔除经济增速和通货膨胀等不可测因素，预期未来通过合理的仓位管理和有效的超额收益策略，实现年化收益率15%～20%是可行的；如果加入经济增速和通货膨胀的因素，那么收益期望值必须下调，预期年化收益率9%～15%是可行的。

2. 制定长期的战略投资框架

投资资金配置需要考虑期限，要与资产的期限匹配，而非错配。那么，什么是投资期限的错配呢？比如，打算用作二三十年后养老的资金，却长期储存在低息的银行；再如，家庭有比较繁重的房贷、车贷，日常还有信用卡要还，导致股票不能长期拿稳。

理财需要明确各大类资产的投资期限和特性，让个人投资分配具有整体且长期的规划。比如，股票资产的流动性最佳，但长期持有更易获得较好收益，所以，投资期限最长，适合长期不用的闲钱做投资；债券有特定的期限，且票息稳定，适合未来特定时间内有支出需求的钱做投资；货币类基金或银行理财产品的风险最小，且流动性上佳，可以动用一部分定期存款做投资。

3. 制定中短期的战术配置

说完了投资期限的长期性，再看看投资过程中的中短期战术选择。个人投资者应根据当前的经济周期和市场环境，精选行业、挑选投资品种。甲的投资资产框架分为：境内股票市场35%；境外股票市场15%；债券市场30%；现金储备20%。也就是说，甲用于投资的资金中保持20%的现金空仓。

以境内股票大类为例进一步说明投资资金配置。为了最大限度规避风险，甲必须适当分散配置这 35% 的资金（见图 3-2）。

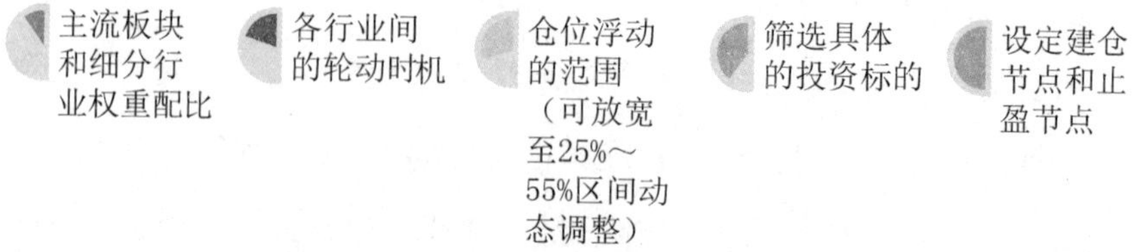

主流板块和细分行业权重配比　各行业间的轮动时机　仓位浮动的范围（可放宽至25%～55%区间动态调整）　筛选具体的投资标的　设定建仓节点和止盈节点

图3-2　分散配置股票的五个步骤

4.对投资过程进行定期回顾与总结

因为资产配置对于投资的成败非常重要，所以，很多人希望尽可能地完善这个"赚钱系统"。但由于执着于寻找最完美的交易体系，忽略了现实中并不存在绝对正确的品种和投资策略。成功的投资者会不断总结经验和教训，形成只属于自己的、趋向于完善的投资风格。

投资者要定期对上一个阶段的业绩进行归因，搞清楚投资收益或亏损是缘于不可控的市场，还是因为自己决策失误。如果是市场因素，那么不可控中有哪些是可以提前预知的因素；如果是决策失误，那么导致自己判断出错的原因又是什么。

一个人只要认真回顾和分析，过往时间和实操经历就是自己最好的老师，通过不断地改正错误和微调系统，逐步找到最适合自己的投资规划。

资产配置的黄金公式

经济学家哈里·M.马克维茨所著的《资产组合选择：投资的有效分散化》一书中有句经典名言："多种资产的组合，能够比单一资产更优。"

资产配置的目标，就是平衡投资风险，用最小的成本、最短的时间获得最高的回报。这里所说的最短的时间不是短线投资，而是相对于成本和收益而言。比如，投资盈利目标是10万元，甲和乙本金数相同，同在股市上摸爬滚打，都不喜欢做短线，甲用22个月的时间完成目标，乙用36个月的时间完成目标。可见，甲的获利时长更短，他的时间收益率更高。

造成收益差距的原因，除了投资能力的不同外，还与对风险和收益的理解不足有关。领航投资的创始人约翰·博格说："绝大多数人都很重视回报，但只有少数人会管理风险。"也就是说，一个人在意回报却不顾风险时，往往难以获得回报。

资产配置就是在获得理想收益的同时，把风险降到最低。想要做到这一点，需要借助一个资产配置的黄金公式——标准普尔家庭资产四象限图，简称"标普四象限图"。

标普四象限图将家庭资产分为四个账户，分别为日常开销账户、杠杆账户、投资收益账户和长期收益账户（见图3-3）。

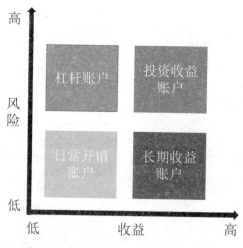

图3-3 标准普尔家庭资产四象限图

象限一：日常开销账户。

日常开销账户就是日常要花的钱。一般放在活期储蓄中，随取随用。这个账户最高占家庭总资产的10%，账户金额应保持在家庭2～4个月的生活费。如果想让这部分钱也发挥点作用，可以买些银行短期储蓄产品。

这个账户本应最简单，但往往成为家庭理财的黑洞，最容易出现的问题就是占用家庭总资产比例过高。很多人正是在这个账户中放了太多钱，导致没有额外的钱放在其他账户上，如果你发现自己存在着这个问题，需要立即做"消费瘦身"。

象限二：杠杆账户。

杠杆账户就是给家庭托底的钱。之所以叫杠杆，是因为杠杆有以小博大的作用，最典型的金融杠杆是保险。这个账户一般占家庭总资产的20%，专门解决突发的大额开支。当自己的资金不够时，购买的保险会助你一臂之力。因此，杠杆账户里的钱要专款专用，保证在家庭成员发生意外时，有足够的钱应对。

象限三：投资收益账户。

投资收益账户就是生钱的钱。我们都知道"投资用闲钱"，但真正意义上的投资不是闲得发慌的小钱，而是整块的不影响家庭生活的大钱。这个账户一般占家庭总资产的30%，可以去做有风险但回报率较高的投资，包括股票、外汇、期货、创业、数字货币……

这个账户也和日常开销账户面临相同的问题，就是难以控制比例。有的人收入较高，除去日常开销、保险外，再留出保本的钱后，还剩挺多钱，不如都拿去投资吧，尽量多得些收益。还有的人，第一年股票赚钱了，第二年把家庭财产的大部分都拿出来炒股了。他们的想法都是好的，但市场是难测的，不懂得控制风险，就会被风险击倒。

象限四：长期收益账户。

长期收益账户就是保本升级的钱。这个账户一般占家庭总资产的40%，里边的钱都是长期不会用到的，如子女的教育基金，自己的养老金等。因此，这个账户的资金追求的收益不一定高，但要长期稳定，重点在于保证本金不能有损失，还要能抵御通货膨胀的侵蚀。

该账户的积累需要每年甚至每个月都要固定地存入，才能积少成多。被"挪用"是该账户面临的最大威胁，因此，必须保证这部分积蓄在不发生极重大变故和特殊需求的情况下，是不能动用的。

资产投资的仓位管理

资产可分为两大类：权益类资产和债券（现金）类资产。权益类资产也是风险资产，债券（现金）类资产也是安全资产。平时所说的仓位，特指权益类资产在总资产中所占的比例。如果有人问你：现在配置了多少仓位？就是问你权益类资产在总资产中的占比。占比大小显示你对未来市场的预期和相匹配的风险承受能力。

仓位管理不仅可以看出一名投资者的心理状态，也是投资的制胜法宝。仓位管理的首要任务是盘点可用于投资的资金，自己有多少钱是清楚的，但自己花了多少钱未必清楚。

甲有 100 万元定期存款，到期后想拿出一部分投入股市，争取获得更高的收益。剩余的存款分成六个 15 万元和一个 5 万元进行一年定期储蓄。因为对股市不太了解，他先拿出 5 万元试水。待这 5 万元转入证券账户后，全部买入了两只股票。有人问他仓位多少，甲回答：满仓。两只股票的行情一直是不温不火的，甲决定继续持有，但觉得另一只股票行业也不错，于是就将 5 万元定期存款取出投入股市。当又有人问他仓位多少时，甲回答：满仓。

显然甲没有明白仓位的意思，以为是购买股票的钱占转入证券账户钱的比例。其实，即便经历了两次股票买入，甲的整体仓位也才占可以用于投资的全部资产的 10%。

科学有效的仓位统计，是目前持有的权益类资产（风险资产）除以可用于投资的全部资产，如此才能全局性地规划长期投资方案。

目标生命周期策略中有一个"100 法则"，即用 100 减去投资者的年龄，剩下的数字就是投资风险资产时比较合理的仓位百分比。遵循这个法则，就是遵循自己的人生轨迹，将投资者的年龄和风险敞口（仓位比例）进行了有序结合。年轻人有更长远的未来去回收人力资金，因而能承受更高的风险；年龄越大，赚取人力资本的时间越短，抵抗风险的能力越低，需要构建更加稳健的投资组合。

　　"100 法则"的具体运用方法是：甲今年 28 岁，把可用于投资的全部资产的 72%（100%-28%）全部投资于风险资产（如股票），对甲来说 72% 就是"满仓"；乙今年 56 岁，"满仓"就是将可用于投资的全部资产的 44% 用于投资风险资产，所以对乙来说，44% 就是满仓。

　　市场上还有"110 法则""120 法则""130 法则"等类似的投资建议。"仓位"决定了投资者未来的收益和风险，达到什么程度让自己获益最大，这一点非常重要。

　　无论哪种投资建议，都只是仓位管理的风险警戒线，投资者应提醒自己不要随便越线。但在投资过程中，并不需要刻板执行，而是要以具体行情实时变化为主。可以通过设置仓位区间实现动态仓位浮动，即将初始配置 30% 仓位的资产设定 ±5% 的浮动区间（25% ~ 35%），在超过 35% 上限时适当卖出，当低至 25% 下限时适当买入。

　　虽然有法则坐镇，但理财投资时的仓位管理是很个性化的，无论是 25%、50%，还是 90%，都说不上绝对偏低或偏高，应当是每位成熟的投资者自己明确计划。关键在于，当市场上涨时，仓位配置能否帮助投资者实现预期收益；在下跌时，仓位配置能否在一定程度上抵御风险；在深跌时，投资者是否能够承受。

　　投资者只有准确地预测未来的收入状况（现金流），知道自己的风险承受临界点，再计算距离计划退休这段时间每年可攒下多少资金用于投资，把资金布局在各阶段的节点上，才能从容投资，赚取收益。

第四章　通过理财工具画出"财富地图"

投资人根据性格，可分为保守和激进两大类，根据保守和激进的程度又可具体细分。以稳妥为主的，银行理财是最好的选择；以保障至上的，保险理财不能忽视；既想稳妥，又想多得一些收益，基金理财和债券理财是很好的选择；追求收益的，股票、期货、外汇市场等待你的加入；想提高资产安全系数的，信托理财不容错过；想减少犯错概率，并保证资产增值的，黄金是托底理财项目。新时代有新的赚钱方式，各种网络理财等着你。

银行理财：最传统，最简单

对于保守的投资者来说，把钱存在银行是最放心的选择。储户的存款期限与金额都会对其所获利息的多少有直接影响，通常存款的期限越长，本金越多，到手的利息也越高。如果盈余资金超过 5 万元以上，就可以考虑买银行的理财产品。

相对于对股票、基金、期货、信托理财尚未了解的投资者来说，选择银行理财是比较明智的。但是，银行存款不是将钱定期存到银行就可以了，还需要掌握存款技巧，让收益达到最大化。下面介绍购买银行理财产品不可不知的理财技巧。

1. 分项存款法

分项存款法是指将存款资金分成若干份，分别存在不同的账户里或在同一个账户里设定不同存期的储蓄方法。

该方法中，存款的期限最好是逐年递增的，目的是分开闲置资金和家庭备用资金。因为家庭结余会持续存在，每一年的总结余都应及时进行理财（其间也要进行分段理财，将收益最大化），但同时要预留家庭备用资金（备用资金占家庭资金比例以不超过20%为宜，收入越高，占比越小）。

甲有8万元现金，其中6万元均分三份分别存作一年期、二年期、三年期定期存款，2万元存活期作为备用金。当一年期和二年期存款到期后，分别加入当年的结余再做三年期定存，之后，每年都有一个三年期定存单到期。因为每年加入结余，三份定存的数额都在不断增加，在某个节点可以考虑另开存款账户。

2. 金字塔存款法

金字塔存款法是指将一笔资金按由少到多的比例拆分成几份（如将10拆分成1、2、3、4四份），分别存入银行定期。

该方法的好处是，资金的灵活性较大，可以对应资金需求，取出相应金额，不影响其他几份资金的利息收入。

乙有50万元资金，分成5万元、10万元、15万元和20万元四份，分别做三年期定存。在第二年夏天，乙患病需要一笔手术费，他取出15万元定存，后又取出5万元定存，这两笔存款的定期利息没得到，但另外30万元的定期利息没受影响。

3. 十二存单法

十二存单法是一种形象的称呼，本质是零存整取，即将每月工资中的 10% ~ 20%（根据个人情况），做一个一年期的定期存款单，一年下来就会有 12 张一年期的定期存款单。从第二年开始，每个月都会有一张定期存单到期，享受一年定期利率。

该方法适合收入固定的工薪族，是一种很好的限制个人消费欲望和强制储蓄的方式，可获得远高于活期存款的利息收入。同时也兼顾灵活性，如果需要用钱，就可以根据所需金额取出定存。如果工资收入较高，每张存单的金额不是很低，就可以设定为到期自动续存；如果工资收入不高，每张存单的金额较低，就可以采用将前面的存单短存的方式，逐步将存单合并（具体合并方式依据个人意愿）。

丙的月薪是 1.2 万元，他每月拿出 3000 元做一年期定存。一年时间到了，他有 12 张存款都是 3000 元的一年期存单。为了方便起见，他按时间顺序将前边的存单改成三个月、两个月、一个月，再加上利息凑够 1 万元，改成一张定期存单。后面的 3000 元存单也是同样的操作方式，虽然跑银行的次数增加了，但收益增加了。

4. 存本取息法

存本取息法是指将一笔存款的利息取出，存作零存整取，以后每个月都把利息取出存到这个零存整取账户中，使原来的存款不仅获得了利息，其利息也能产生新的利息，滚雪球获得复份。通常银行规定存本取息的起存点为 5000 元，存期为一年、三年、五年。

丁有 10 万元现金，选择存两年定期，存款年利率为 2.25%，存本取息每月有 187.5 元的利息。他把第一个月的利息取出，新开一个零存整取账户，每个月坚持把两年定期账户的利息取出且存入零存整取账户，就产生了"利滚利"。

5. 固定取现法

固定取现也是整存零取，指储户在开户时约定存款期限，本金一次性存入，按固定期限分次支取本金的一种定期储蓄。起存金额为 1000 元，存期分为一年、三年、五年，支取期分为一个月一次、三个月一次或半年一次。若要提前支取，则只能办理全部支取。

该方法适合有固定开支或者需要定期用钱的投资者。整存零取的利息按存款开户日挂牌整存零取利率计算，在存款期满结清时支取。到期未支取部分按支取日挂牌的活期利率计算利息。

戊一次性存入 6 万元的五年定期，约定每三个月支取一次，每次支取3000 元。期满后银行一并结算利息。

保险理财：保障与投资并重

提到保险，很多人的意识里就认为是消费型产品，买保险只能得到医疗保障、意外保障和财产保障。其实，保险也是一种理财，保险的种类很多，除了常见的消费型保险外，还有投资型保险。

投资理财保险顾名思义，既有保障功能，又有投资理财功能，与其他理财方式相比特点明显（见图 4-1）。

目前，我国保险市场上常见的投资型保险主要有三类：分红险、万能险和投连险。

低风险性　保本保底

- 保险属于合同行为，投资者的权益受到法律和合同的双重保护，所以安全性与基金、股票相比更为稳健，可以保障投资者的本金不受到投资环境的影响

收益率适中

- 保险投资的收益通常以投资者的投资预期长短来确定资产配置的比例和投资方案，保证投资者的投资收益，但并不需要投资者像投资股票与基金一样自己进行买进卖出操作

有一定的强制储蓄性

- 保险以保费的形式实现资金的强制储蓄，适合有闲置资金，对理财不甚了解，但又渴望高收益的投资者

图4-1　投资理财保险的特点

1. 分红险

分红型保险具有分享红利的特点，也就是分享保险公司的经营成果。分红型保险有两种红利分配方式。

（1）现金红利法：每个会计年结束后，保险公司根据当年的业务盈余决定可分配盈余，根据各保单对总盈余贡献值的大小，决定分配的红利额度。具体有三种操作方式：①红利留存保险公司累计生息；②红利抵扣下一期保费；③红利以现金支取。

（2）增额红利法：投保人将红利用于增加原保单上的保险金额，只有在投保人发生保险事故、期满或退保时才能真正拿到所分配红利。

分红险派发的红利主要有三个方面，即费差益、利差益和死差益。"三差"的损益之和构成了保险公司的亏损和盈利（见图4-2）。

保险公司的运营管理都是有成本的，会产生费用，保险公司同样会预定一个费用率，如果实际发生的费用率小于预定的费用率，实际费用支出比预期少，就形成了费差益，反之就是费差损

保险险种在定价时使用的生命表有一个死亡率的问题，保险公司定价时会预定一个死亡率，当实际发生的死亡率小于预定的死亡率时，实际赔付比预期少，就形成了死差益，反之就是死差损

保险公司聚集了大量的资金，会对其进行合理的投资增值，通过对责任准备金的投资组合配置，会达成一定的收益。同样，保险公司有一个预计的收益利率，以支付保费成本，当投资达成的实际收益高于预定的利率时，就产生了多余的收益，就是利差益，反之就是利差损

图4-2 分红险派发红利

2. 万能险

万能险除了具备传统寿险的生命保障外，还能吸入投保人参与保险公司的投资活动，在保证本金不受损失的同时，还能保证一定的收益。万能险具有四个方面的特点。

（1）缴费灵活：传统寿险通常会强制性要求投保人每月或每年固定缴费，万能险只要求投保人支付初期的最低保费之后就享有追加投资的权利。

（2）保额可调整：投保人依据自己的保障和投资需求，在规定的范围内，可随时变更万能险的基本保额。

（3）利率保底，部分领取：提供最低保证利率，投保人可根据个人财务状况规划申请部分领取（会收取部分领取费用）。

（4）费用公开，结算透明：万能险的扣费、成本、预期计算收益率和结算收益率都会清楚写入合同。

3. 投连险

投连险也被称为"变额寿险"，指一份保单在提供人寿保险时，在任何时刻的价值是根据其投资基金在当时的投资表现决定的。因此，投连险

具备了保障与投资的双重性质。

投连险一般会开设几个风险程度不同的投资账户供客户选择，投保人可自行选择保险费在各个投资账户的分配比例。

（1）基金账户：采用较为激进的投资策略，通过优化基金指数投资与积极主动投资相结合的方式，力求获得高于基金市场平均收益的增值率。

（2）发展账户：采用较为稳健的投资策略，所有投资行为的前提都是保证资产安全，再通过对利率和证券市场的判断，调整不同投资品种的资产比例，力求获得资产长期、稳定增长。

（3）保证收益账户：采用保守的投资策略，在保证本金安全和流动性的基础上，通过对利率走势的判断，合理安排各类存款的比例和期限，实现利息收益最大化。

通过以上介绍，我们知道这三类保险都能让投保人在获得保障的同时获得投资收益，但在实际操作中要明确区分这三类保险（见表4-1）。

表4-1　分红险、万能险和投连险的差异性

险种	投资账户不同	收益来源不同	收益确定性不同
分红险	没有专门投资账户，红利直接分配给投资人	来源于保险公司的经营情况	不确定，根据当年保险公司的获利情况
万能险	有专门投资账户，但只有一个	来源于投资活动，投资偏稳健型	有最低保障额
投连险	有专门投资账户，可以有多个	根据设立的不同账户，进行不同风险投资	既不能保证收益，也不能保证本金

基金理财：让专业人士帮你赚钱

基金是基金管理公司通过金融发行单位，集中投资者的资金，由基金管理人员进行管理，并对股票、债券、货币等金融产品进行投资，使投资者从中获得收益的一种证券投资方式。

基金投资中当事人主要包括投资者、基金托管人和基金管理公司（见图4-3）。

（1）投资者是基金资产的所有者和基金投资收益的受益人。

（2）基金托管人是投资人权益的代表，是基金资产的权益持有人。

（3）基金管理公司是依据相关法律法规设立，对基金的募集、基金份额的申购和赎回、基金财产的投资与收益分配等基金运作活动进行管理的公司。

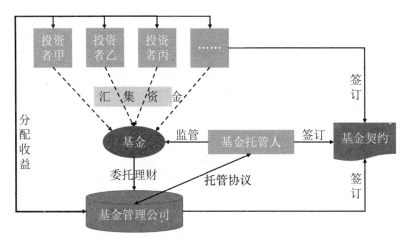

图4-3 基金当事人结构

基金的种类多样，不同的划分标准，决定了不同的基金类别（见表4-2）。不同种类的基金特点、风格都存在差异，有效识别基金是精准操作的基础。

表4-2　基金种类

划分标准	基金名称	解释
运作方式	开放式基金	发行总额不固定，基金单位总数随时增减，投资者可按照基金的报价进行申购和赎回的基金
	封闭式基金	事先确定发行总额，在封闭期内基金单位总数不变，基金上市后投资者可通过证券市场进行转让、买卖基金单位的基金
募集形式	公募基金	以公开方式向社会公众投资者募集资金，并以证券为主要投资对象的证券投资基金
	私募基金	以非公开方式向特定投资者募集资金，并以特定目标为投资对象的证券投资基金
组织形态	公司型基金	投资者为了共同投资目标而组成的以营利为目的的股份制投资公司，并将形成的公司资产投资于有价证券的证券投资基金
	契约型基金	专门的投资机构共同出资组建一家基金管理公司作为委托人，以与受托人签订《信托契约》的形式发行收益凭证——《基金单位持有证》，以募集社会上的闲散资金
风险与收益	成长型基金	以资本长期增值为投资目标，其投资对象主要是有较大升值潜力的小公司股票和一些新兴行业的股票。该类基金很少分红，而是将投资所得的股息、红利和盈利进行再投资，以实现资本最大限度增值
	收益型基金	以获取当期收入为投资目的的基金，其投资对象主要是绩优股、债券、可转让大额存单等收入比较稳定的有价证券。该基金一般将所得利息、红利分配给投资者
	平衡型基金	既追求长期资本增值，又追求当期收入的基金，其投资对象主要是债券、优先股和部分普通股，一般将资产总额的25%～50%用于优先股和债券投资，其余的用于普通股投资。风险和收益介于成长型基金和收益型基金之间

续表

划分标准	基金名称	解释
投资对象	股票基金	基金资产80%以上投资股票的基金
	货币基金	专门投资货币市场工具的基金
	债券基金	基金资产80%以上投资债券的基金
	混合基金	同时投资于股票、债券和货币市场等，没有明确投资方向的基金
	指数基金	以特定指数（如沪深300指数、纳斯达克100指数、日经225指数等）为标的指数，并以该指数的成分股为投资对象，通过购买该指数的全部或部分成分股构建投资组合，以追踪标的指数表现的基金

不同种类的基金具有不同的特征，投资者在准备投资基金之前，需要了解预投基金的特性，并充分利用，才能获得更多的收益。

1. 封闭式基金

封闭式基金的发行总额和发行期在设立时已经确定，在发行完毕后的规定期限内发行总额固定不变。投资者在购买之后只需要长期持有，等待封闭期结束即可。封闭期结束之后的处理方式有三种。

（1）清盘：终止基金合同，按到期日的净值对基金财产进行清算，扣除相关费用后，将资金按持有份额分给投资者。

（2）转型：将封闭式基金转为开放式基金。

（3）延期：延长基金合同的期限（实践中应用得很少）。

如果投资者想在封闭期内赎回基金份额，则只能通过证券交易场所上市交易，因此，封闭式基金像股票一样存在市价。投资者在行情软件上看到的当日收盘价就是其当日的市价，涨跌幅则表示当日市价的变动幅度。

封闭式基金的投资策略主要在于基金的选择，而非选择后的操作，因此，投资者要从基金的市场表现及换手率、基金持有人的结构、基金历史净值增长水平与稳定性、基金未来分红派现的能力、基金的折价率五个方面考察基金质量。

2. 货币基金

货币基金与货币有关，具有安全性强、流动性强、好投资、成本低的特点。货币基金的投资对象是一些低风险的货币市场工具；货币基金的买入卖出都很方便，资金到账速度也快；货币基金不收取申购费、赎回费等手续费，几乎是零投资成本。

货币基金的规模越大并不意味着收益率越高，反而中等规模（100亿~400亿元）基金的收益率最高。

货币基金按照投资起点可分为A类和B类，A类起点500万元，B类起点1元。A类收益率更高，但通常为机构持有，可能发生集中兑付或大额兑付的情况，增加了资金风险性。B类收益率低一些，但散户持有比例较高，安全性更强。

货币基金的收益率指标有两个，即7日年化收益率和万份收益。选择货币基金时，应该选择万份收益高的。因为7日年化收益率代表过去7天的盈利水平。万份收益指标越高，说明投资者得到的收益回报越高。

3. 债券基金

债券基金的资产大部分投资于债券，很小部分投资于高风险、高收益的金融产品，所以，资产有稳定的利息回报，有效降低了投资者的资金风险。投资债券基金比直接投资债券的资金流动性强，投资者在不影响收益的前提下可以随时赎回。

债券基金投资时机与市场资金利率密切相关，债券市场受利率影响较大，并且越是长期型债券基金，受到的影响越大。因此，投资者应及时关注市场资金利率的变化情况，利率下行时可考虑买入债券基金。

虽然债券基金比较稳定，但选择不当将影响投资收益。选择债券基金时以下四个方面必须考虑。

（1）选择持有债券集中度较为分散的债券基金。

（2）选择以国债、金融债为主的稳定债券基金。

（3）选择规模适中的债券基金。

（4）选择信用评级较高的债券基金。

4.股票基金

如果担心投资股市有风险或者缺乏股市投资经验，可以考虑投资股票基金，即将资金交由专门的基金管理人打理，在享受股票高收益的同时，降低投资风险。

股票基金的投资对象主要是流动性强的股票，因此，具有变现能力强的特点。与直接投资股票相比，股票基金以组合分投的方式进行投资，降低了投资风险，收益也相对稳定。

股票基金按照股票种类的不同分为优先股基金和普通股基金。优先股基金的特点是收益稳定，风险较小，投资对象以各公司发行的优先股为主，收益主要来自股利；普通股基金的特点是追求资本利得和长期资本增值，风险较高。

如何在众多的股票基金中选出优质的呢？我们提供三个步骤，供大家参考。

第1步，选择综合实力较强的公司。通常一个优质的基金公司具备五个特征：①成立时间至少三年以上；②管理基金的规模适中；③旗下产品丰富；④知名度较高、评级靠前；⑤具备完善的投后服务机制。

第2步，查看基金过去的业绩表现。业绩查看不只是基金排行榜中的位置，还有另外两个方面：①将基金与大盘走势进行比较，查看其走势；

②查看股票基金各阶段的涨幅情况，并综合考察。

第3步，查看股票基金的投资风格。股票市值按从大到小的顺序划分为大盘股、中盘股和小盘股。基金投资的大类型是价值型、成长型和平衡型。无论是短期动摇还是计划长时间持有，都是：小盘成长＞大盘价值＞大盘成长＞小盘价值。

5. 指数基金

指数基金是一种被动投资的股票基金，简单说就是跟着大盘走，只要长期持有，就能跟着大盘水涨船高，获得与大盘一样的收益。指数基金根据不同的分类标准可具体分为八种类型（见表4-3）。

表4-3 指数基金类型

划分标准	基金名称	解释
复制类型	完全复制指数型基金	完全按照跟踪指数的成本股及权重比例买入持有，最大限度地缩小与跟踪指数间的差距
	增强指数型基金	大部分基金资产按照基准指数进行配置后，余下的资产进行主动性投资
跟踪指数	大盘指数型基金	以大盘中的各类指数为目标指数，包括上证50、沪深300、标普500、纳斯达克100、日经225等
	行业指数型基金	以某一行业为跟踪目标，基金收益与该行业指数的变化情况保持同步
交易机制	封闭式指数型基金	可以在二级市场中交易，但不能进行申购和赎回
	开放式指数型基金	可以在基金公司或代销机构进行申购或赎回，但不能在二级市场交易
	指数ETE	可以在二级市场中交易，也可以直接申购或赎回
	指数LOF	可以在二级市场中交易，也可以直接申购和赎回

关于市场最活跃的五种基金的情况介绍到这里。最后还要强调一点，就是一只基金能否按预期增长，其操盘者的能力也将起到关键作用，所以考察一个基金经理的能力强不强，主要有四个维度（见图4-4）。

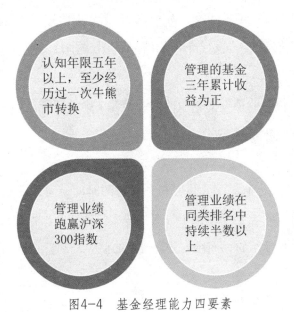

图4-4　基金经理能力四要素

债券理财：稳健的财富流入

　　债券是一种金融契约，是政府、金融机构、工商企业等直接向社会借债筹措资金时，向投资者发行，同时，承诺按一定利率支付利息并按约定条件偿还本金的债权债务凭证。债券发行者与债券购买者之间是一种债权债务关系，债券发行方即债务人，债券购买方（投资者）即债权人。

　　虽然债券种类多样，但都包含一些基本的要素，用以明确债权人和债务人的权利与义务，具体包括以下几点。

　　1. 债券面值

　　债券的票面价值是发行人对债券持有人在债券到期后应偿还的本金数额，也是企业向债券持有人按期支付利息的计算依据。债券的面值与债券实际的发行价格并不一定是一致的，发行价格大于面值称为"溢价发行"，反之则称为"折价发行"，发行价格等于面值称为"平价发行"。

2. 偿还期

偿还期是指企业债券上载明的偿还债券本金的期限，即债券发行日至到期日之间的时间间隔。

3. 付息期

付息期是指企业发行债券后利息支付的时间，可以是到期一次性支付，也可以是一年、半年或三个月支付一次。到期一次性付息的债券，利息通常是按单利计算的；而年内分期付息的债券，利息是按复利计算的。

4. 票面利率

票面利率是指债券利息与债券面值的比率，是发行人承诺以后一定时期支付给债券持有人报酬的计算标准。

5. 发行人名称

发行人名称是指明债券的债务主体，为债权人到期追回本金和利息提供依据。一般会在票面上注明××公司债券、××银行债券等。

债券发行一段时间后进入二级市场流通转让，需在证券交易所进行交易，且转让时需要缴纳一定数额的佣金。不同证券交易所对佣金的规定有所不同，以实际情况为准。

影响债券收益率的因素包括债券的票面利率、期限、面值和购买价格，计算公式为：

债券收益率 =（到期本息 – 发行价格）÷（发行价格 × 偿还期限）× 100%

如果投资者在债券偿还期内转让债券，那么债券收益率将分为债券出售者收益率、债券购买者收益率和债券持有期间收益率。具体计算公式如下：

债券出售者收益率 =（卖出价格 – 发行价格 + 持有期间利息）÷（发行

价格 × 持有年限)×100%

债券购买者收益率 =(到期本息 – 买入价格)÷(买入价格 × 剩余期限)×100%

债券持有期间收益率 =(卖出价格 – 买入价格＋持有期间利息)÷(买入价格 × 持有年限)×100%

市面上的债券种类很多，按八种划分标准，分为 20 种，下面以表格形式将债券种类加以说明（见表 4–4 ）。

表4–4　债券种类

划分标准	债券名称	解释
发行主体	政府债券	政府为筹集资金发行的债券，包括国债、地方政府债券等
	金融债券	由银行和非银行金融机构发行的债券
	企业（公司）债券	国外没有企业债券和公司债券的区分，都叫公司债券。我国的企业债券按照《企业债券管理条例》规定发行与交易，由国家发展和改革委员会监督管理
财产担保	抵押债券	以企业财产作为担保发行的债券，按抵押品的不同分为一般抵押债券、不动产抵押债券、动产抵押债券和证券信托抵押债券
	信用债券	不以任何企业财产作为担保，完全凭信用发行的债券
债券形态	实物债券	具有标准格式的实物券面的债券（纸质）
	凭证式国债	国家采取不印刷实物券，而用填制"国库券收款凭证"的方式发行的国债
	记账式国债	没有实物形态的票券，以电脑记账方式记录债权，通过证券交易所的交易系统发行和交易
购买成本	附息债券	债券券面上附有息票或是按债券票面载明的利率支付利息
	贴息债券	未明确规定利息支付的债券，收益来自买卖差价
可否转换	可转换债券	在特定时期内可以按某一固定的比例转换成普通股票的债券，具有债务与权益双重属性
	不可转换债券	也叫普通债券，不能转换为普通股票的债券

续表

划分标准	债券名称	解释
付息方式	零息债券	债券券面上不附息票，在票面上不规定利率，按规定的折扣率以低于债券面值的价格发行，到期按面值支付本金
	定息债券	将利率印在票面上，并按期向债券持有人支付利息
	浮息债券	浮动利率债券的息票率是随市场利率变动而调整的利率
计息方式	单利债券	仅按本金计息，所生利息不再加入本金计算下期利息
	复利债券	按一定期限将所生利息加入本金再计算利息，逐期滚算
	累进利率债券	按年利率以利率逐年累进方式计息，后期利率比前期利率高
可否提前偿还	可赎回债券	在债券到期前，发行人可按照事先约定的赎回价格收回的债券
	不可赎回债券	不能在债券到期前收回的债券

以上债券种类中究竟要投资哪类债券能获得理想的收益呢？限于篇幅关系，我们将找出其中的典型代表进行讲解。

1. 记账式国债

记账式国债通过无纸化方式发行，以电脑记账方式记录债权，可以上市交易，且不收手续费，但不能提前兑取，只能进行买卖，每年付息一次。

记账式国债的价格是浮动的，想要规避买高卖低的风险，需要留意其净值变化。记账式国债净值的变化主要集中在发行期结束，开始上市交易的初期，在此期间，可能出现资本溢价收益，也可能出现资本受损。

2. 凭证式国债

凭证式国债可以记名和挂失，但不能上市流通交易，有固定利息和年限，到期一次性提取本金和利率（不能部分提取和兑现），且免交利息税。

凭证式国债的资金变现能力差，具有银行定存的特点，利率比同期银行存款利率高，若提前赎回则不能享受同期限固定利率。

3. 企业（公司）债券

与国债相比，企业（公司）债券的收益更高，但风险也更高。因为企业（公司）债券的还款来源主要依靠企业（公司）的经营利润，但是，任何企业（公司）的未来利润情况都存在不确定性，因此，投资者要承担损失收益，甚至是本金的风险。

企业（公司）债券反映的是债权债务关系，投资者可优先享受索取利息、要求补偿以及分配剩余资产的权利。投资者还具有选择权，持有的债券是由企业赎回还是继续持有。投资人在投资企业债券之前，需要关注什么呢？

（1）债券评级情况。专业机构对债券还本付息的可靠程度进行客观、公正和权威的评价，可以大幅降低投资者的投资风险。

（2）企业基本面。即要看企业的经营情况能否在规定的期限内偿还投资人的本金和利息。因此，投资者在投资之前要看发行债券企业的股东背景是否为国企，企业性质为民企还是外企，行业范围是否过剩，还要看企业是否上市或旗下是否有上市公司等，如果上市要规避带有"ST"和"*ST"标志。

4. 可转换债券

如果投资者看好公司股票的增值潜力，可行使转换权，按照发行约定的价格将债券转换成股票，因此，可转换债券既具有债性，又具有股性。

可转换债券规定了利率和期限，投资者可持有并到期收取本金和利息；可转换债券在转换成股票之前是纯粹的债券，但在转换之后，原债券持有人就由债权人变成了公司股东，可参与企业的红利分配。

可转换债券转股是单方向的，且转股之后持有的股票价格"转股价"，转股价可能比实际股价高或低。

可转换债券的转股条件如下：

（1）可转换债券要在转股期内才能转股。通常为债券发行结束之日起六个月后至到期日为止的任一个交易日。

（2）可转换债券一般设有提前赎回条款。当公司发出赎回公告后，投资者要及时转股或直接卖出，避免遭受损失。

（3）申请转股的可转换债券总面值必须是 1000 元的整倍数。

（4）可转换债券实行 T+1 交易，委托、交易、托管、转换托、行情揭示参照 A 股办理，集中开市时间与 A 股相同。

（5）可转换债券以面值 100 元为一报价单位，以面值 1000 元为一交易单位。

（6）可转换债券实行 T+1 交收，交易清算参照 A 股的现行清算办法办理。

（7）可转换债券在转换期结束前的 10 个交易日终止交易，终止交易前一周交易所予以公告。

股票理财：高收益伴随高风险

股票是股份证书的简称，是股份公司所有权的一部分，是发行的所有权凭证，也是股份公司为筹集资金而发行给各个股东作为持股凭证，并借以取得股息和红利的一种有价证券。股票是资本市场的长期信用工具，可以转让、买卖，股东凭借它可以分享公司的利润，但也要承担公司运作失误所带来的风险。

股票市场是已经发行的股票转让、买卖和流通的场所，包括证券交易所市场和场外交易市场两大类别。由于它是建立在发行市场基础上的，因此，又称作"二级市场"。

（1）证券交易所市场是专门经营股票、债券交易的有组织的市场。根据规定只有交易所的会员、经纪人、证券商才有资格进入交易大厅从事交易活动。

（2）场外交易市场又称"证券商柜台市场"或"店头市场"，主要交易对象是未在交易所上市的股票。店头市场有固定的场所，一般只做即期交易，股票行市价格由交易双方协商决定。

股票是一种无偿还期限的有价证券，投资者认购了股票后，只能到二级市场卖给第三者。股东与公司的关系不是债权债务关系，从期限上看，只要公司存在，其所发行的股票就存在。

股票按照不同的划分标准，可以分为三种类别（见表4-5）。

表4-5　股票种类

划分标准	股票名称	解释
上市地区	A股	人民币普通股，由境内公司发行，使用人民币在境内证券交易所交易
	B股	人民币特殊股，以外币认购和买卖，在境内证券交易所上市交易
	H股	在我国内地注册，在我国香港上市发行的外资股
	L股	在我国内地注册，在伦敦上市发行的外资股
	N股	在我国内地注册，在纽约上市发行的外资股
	S股	尚未进行股权分置改革或者已进入改革程序但未实施股权分置改革方案的股票
业绩	蓝筹股	在其所属行业内占有重要支配性地位、业绩优良、成交活跃、红利优厚的大公司股票
	绩优股	公司经营业绩很好，每股收益达0.5元以上的股票
	ST股	境内上市公司连续两年亏损，被进行特别处理的股票
	*ST股	境内上市公司连续三年亏损，被进行特别处理的股票
	垃圾股	经营亏损或违规公司的股票
股东权利	普通股	享有普通权利、承担普通义务的股份，是公司股份的最基本形式
	优先股	享有优先权的股票。优先股股东对公司资产、利润分配等享有优先权。优先股股东不能退股，只能通过优先股的赎回条款被公司赎回
	后配股	对公司发起人发行的股票。①在公司为筹措扩充设备资金而发行新股票时，为了不减少对旧股的分红，在新设备正式投用前将新股票作后配股发行；②在企业兼并时，为调整合并比率，向被兼并企业的股东交付一部分后配股；③在有政府投资的公司里，当私人持有的股票股利达到一定水平之前，把政府持有的股票作为后配股

了解股票的类别只是进行股票投资的第一步，知道绩优股的人很多，但能选中绩优股的人却不多。那么，如何挑选绩优股呢？其核心内容几乎都围绕 KDJ、均线和 K 线、成交量。我们对四种选股技巧进行相关介绍，但因本书不是专业教授股票买卖的书籍，所以，只做核心讲解。

1. KDJ 指标

KDJ 指标也称"随机指标"，是以最高价、最低价及收盘价为基本数据，得出 K 值、D 值和 J 值。三个值分别在指标的坐标上形成一个点，将若干个点位连接，形成一个完整的、能反映价格波动趋势的 KDJ 指标。

KDJ 指标的主要作用在于，利用价格波动的幅度来反映价格走势的强弱，判断股票的超买超卖现象。KDJ 指标的具体运用如下：

（1）K 值与 D 值永远介于 0 ~ 100，当 $D > 80$ 时，行情呈现超买现象；当 $D < 20$ 时，行情呈现超卖现象。

（2）在上涨趋势中，当 K 值 $> D$ 值，K 线向上突破 D 线时，为买进信号。

（3）在下跌趋势中，当 K 值 $< D$ 值，K 线向下跌破 D 线时，为卖出信号。

（4）K 值和 D 值上升或下跌的速度减弱，倾斜度趋于平缓是短期转势的预警信号。

（5）K 值、D 值、J 值几乎都在 80 ~ 100 区域波动，只有 J 值偶尔下探至 50 区域，说明后市股价会继续上涨，牛股特征明显。

（6）KDJ 指标表现超卖现象，且 K 值、D 值、J 值几乎都在 50 ~ 20 区域波动，不见触底回升的征兆，说明股价呈现大跌小涨的趋势，后市股价会长期在下行通道运行，熊股特征明显。

KDJ 指标对大盘和热门大盘股有极高准确性。同时，KDJ 指标还能通过交叉突破发出买卖信号。

2. 均线

均线全称是"移动平均线"，简称 MA，将一定时期内的股价加以平均，并将不同时间的平均线连接起来形成一根 MA，用来观察股价变动趋势的技术指标。

均线根据周期分为 5 天、10 天、30 天、60 天、120 天、240 天六个指标。其中，5 天和 10 天是短期均线指标，称为"日均线"；30 天和 60 天是中期均线指标，称为"季均线"；120 天和 240 天是长期均线指标，称为"年均线"。

均线对股价具有助涨助跌、追踪趋势等作用，投资者在实际操作中应借助不同周期的均线进行选股，具体做法如下：

（1）股价向上突破 5 日均线、10 日均线，后市上涨可能性较大，为买入信号。

（2）股价向上突破 5 日均线、10 日均线、30 日均线，三条线呈现多头排列，后市上涨可能性较大，为买入信号。

（3）上升行情出现盘整，5 日均线与 10 日均线相连，盘整结束后股价继续上涨，且多条均线呈现多头排列，后市上涨可能性较大，为买入信号。

（4）股价跌破短期均线，但未跌破中长期均线，中长期均线趋势向上，后市下跌可能性不大，可考虑买入。

（5）5 日均线、10 日均线、30 日均线呈现空头排列，则处于中期下跌趋势中，不考虑买入。

（6）5 日均线、10 日均线先走平，然后，5 日均线上穿 10 日均线，形成黄金交叉点，并呈现多头排列，说明下跌至末期，股价将触底回升，可看作买入信号。

（7）多条均线呈黏合状互相缠绕，难以判别以后的突破方向，说明处在横向盘整中，难以预测后市走向，建议观望。

（8）上升趋势中途和长跌后的低价区形成的横向盘整，若5日均线、10日均线、30日均线由黏合状呈发散上行，即为向上突破，为中短线买入信号。

最后说明，因120日均线和240日均线在中短期内难以出现大幅波动，只在长期选股考虑即可。

3. K线

K线又称为"阴阳线"或"阴阳烛"，是将每一个交易期间的开盘与收盘的涨跌实体用K线表示出来，并将交易中曾出现的最高价及最低价以上影线和下影线形式直观呈现出来（见图4-5）。

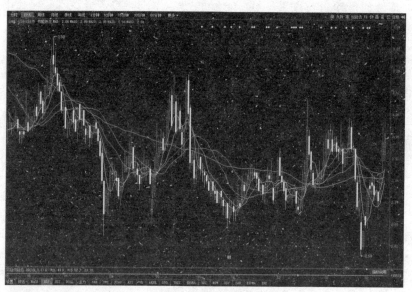

图4-5　K线（节能铁汉300197）

说明：图中包含K线（纵向）和均线（横向）。

K线由开盘价、收盘价、最高价、最低价四个价位组成。开盘价低于收盘价为阳线，反之为阴线。中间的矩形为实体，实体以上细线叫"上影线"，实体以下细线叫"下影线"（见图4-6）。

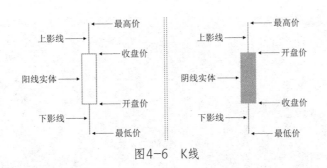

图4-6　K线

K线按周期分为日K线、周K线、月K线、年K线、5分钟K线、30分钟K线等。根据股价的走势，K线有六种表现形式，分别是：①光头阳线与光头阴线（没有上影线的K线），当收盘价或开盘价正好同最高价相等时出现；②光脚阳线与光脚阴线（没有下影线的K线），当收盘价或开盘价正好同最低价相等时出现；③光头光脚的阳线与阴线（既没有上影线，也没有下影线），当开盘价和收盘价分别与最高价／最低价中的一个相等时出现；④十字形（没有实体），当收盘价与开盘价相同时出现；⑤T字形和倒T字形（没有实体，而且没有上影线或下影线），在十字形的基础上，加上光头或者光脚的条件时出现；⑥一字形（四个价格都一样），在开盘即封涨停或跌停时出现（见图4-7）。

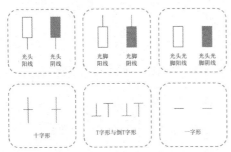

说明：为了直观，也为了美观，无论是哪种形式，只要有实体和上影线／下影线的，我们都把上影线和下影线画成了等长度，也把实体画成等长度。但在实际中，实体与上影线／下影线的长度是随股价而定的，可以参见图4-5中的K线。

图4-7　K线的六种形式

K线三要素包括阴阳数量、实体大小和影线长短。阴阳数量代表总体趋势，实体大小表示内在动力和趋势强弱，影线长短反映转折意愿（见图4-8）。

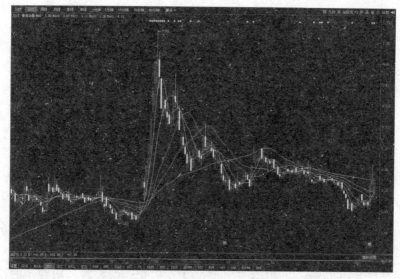

图4-8　K线三要素（青海华鼎600243）

（1）从图4-8可以看出，阴阳K线的数量代表总体上升／下降趋势。阳线多处于上升趋势，阴线多处于下降趋势。

（2）K线实体大小表示上涨或下跌趋势的强弱，阳线实体越大表明内在上涨动力越充足，阴线实体越大表明内在下跌动力越大。图4-8中急速上涨阶段，连续几个阳线实体非常大，后面下跌时也出现了大的阴线实体。

（3）在K线实体变化不大的情况下，上影线和下影线越来越长，说明市场震荡幅度越来越大。图4-8中大跌调整阶段，接连拉出长影线，多空博弈激烈。

（4）K线实体越长，攻击力度越强，阳线为向上攻击，阴线为向下攻击。

（5）K线影线越长，所受阻力越大。上影线越长，代表股价上涨所受阻力越大，后势易跌；下影线越长，代表股价所受支撑越强，后势易涨。

K线的解读已日趋复杂，市场上短期的K线往往被操控而存在"陷阱"。因此，投资者需要用数量化的衡量标准和分析工作进行过滤，才能提高成功的概率。

4. 成交量指标

成交量指标的英文简称是 VOL，是指单位时间内的成交总手（1 手 =100 股），分为日成交量、周成交量、月成交量、年成交量，甚至有 5 分钟成交量、30 分钟成交量、60 分钟成交量等。既可以反映个股的交易数量，也可以反映整个市场总体的交易数量。

成交量在形态上用一根立式的柱子表示，柱状越高表示成交量越大。

成交量与价格有密切关系，成交量越大，说明该股越具备吸引力，后市股价波动幅度也会越大。市场中成交量与价格之间的关系主要有量价配合和量价背离。

（1）量价配合：成交量的增减与股价涨跌成正比，股价与成交量运行方向一致。

（2）量价背离：成交量的增减与股价涨跌成反比，股价与成交量运行方向不一致。

期货理财：双向交易，时间灵活

期货与现货完全不同，现货是实实在在可以交易的货，期货主要不是货，而是以某种大众产品（如棉花、大豆、石油等）及金融资产（如股票、债券等）为标的物的标准化可交易合约。

期货交易者买卖期货成交后按成交合约总价值的一定比例所支付的费用就是"期货手续费"。

由期货交易所统一制定，且规定买卖双方在将来某一特定的时间和地点交割一定数量和质量标的物的标准化合约称作"期货合约"。期货合约唯一的变量是价格，其余条款都是标准化的。

期货合约的标准由期货交易所设计，经国家监管机构审批上市；在期货交易所组织下成交（价格在期货交易所的交易厅里通过公开竞价方式产生），由期货交易所担保履行，不允许私下交易。期货合约可通过交收现货或进行对冲交易来履行或解除合约义务。

期货合约的条款内容中，包括以下几个：

（1）交易单位"手"：期货交易必须是"一手"的整数倍，不同交易品种每手合约的商品数量须在该品种的期货合约中载明。

（2）每日价格最大波动限制：期货合约在一个交易日中的交易价格不得高于或低于规定的涨跌幅度，超过的价格将被视为无效，不能成交。

（3）最小变动价位：指该期货合约单位价格涨跌变动的最小值。

（4）交易价格：期货合约的基准交割品在基准交割仓库交货的含增值税价格，包括开盘价、收盘价、结算价等。

（5）交割月份：期货合约规定进行交割的月份。

（6）最后交易日：某一期货合约在合约交割月份中进行交易的最后一个交易日。期货合约的买方或卖方，如果将合约持有到期，就有义务买入或卖出期货合约对应的标的物（不进行实物交易就结算差价）。期货合约的交易者可以选择在合约到期前进行反向买卖来冲销这种义务。

如今，期货投资成为一项很广泛的业务，从个人投资者到银行、基金机构都可成为参与者，但是，若想要在期货市场做出有竞争力的行为，期货交易的以下几个特点必须了解。

（1）双向性。期货可以双向交易，可以买多，也可以卖空。价格上涨时可以低买高卖，价格下跌时可以高卖低买。做多可以赚钱，而做空也可以赚钱，所以说，期货无熊市。

（2）费用低。期货交易的唯一费用是手续费。国内三家交易所手续费在万分之二至万分之三，加上经纪公司的附加费用，单边手续费亦不足交易额的千分之一。

（3）高杠杆。在期货交易中，无须支付全部资金，国内期货交易只需要支付5%的保证金即可获得未来交易的权利。由于保证金的运用，原本行情被放大了十余倍。在收益成倍放大的同时，投资者承担的损失也将成倍放大。假如某期货杠杆20倍，价格上涨0.25%收益为100%，价格下降0.25%亏损也是100%。

（4）随时性。期货是"T+0"交易，投资者可以随时交易，随时平仓，将资金极致应用。

（5）跨期性（用于股指期货）。交易双方通过对股票指数变动趋势的预测，约定在未来某一时间按照一定条件进行交易。

按标的物种类划分，期货可分为商品期货和金融期货两大类。商品期货又分金属期货（贵金属与非贵金属）、能源期货、农产品期货等；金融期货主要有股指期货、利率期货、外汇期货等（见表4-6）。

表4-6　期货种类

划分标准	期货类别	具体产品
商品期货	金属期货	也称"有色金属期货"，指除黑色金属（铁、铬、锰）以外的所有金属，价格高的称为贵金属（金、银、铂、钯）。交易的主要品种包括铜、铝、锌、锡、铅、镍、铝合金、螺纹钢、线材等
	能源期货	传统品种包括原油（塑料、PTA、PVC）、汽油（甲醇）、燃料油、天然橡胶等。新兴品种包括气温、二氧化碳排放配额等
	农产品期货	大豆、豆油、豆粕、籼稻、小麦、玉米、棉花、白糖、咖啡、猪腩、菜籽油、棕榈油等

续表

划分标准	期货类别	具体产品
金融期货	股指期货	如英国FTSE指数、德国DAX指数、东京日经平均指数、香港恒生指数、沪深300指数等。涉及内容包括交易所、交易品种、交易单位、涨跌幅度、交易所保证金、合约交割月份
	利率期货	以债券类证券为标的物的期货合约，分为短期利率期货（多以银行同业拆借中场三月期利率为标的物）和长期利率期货（多以五年期以上长期债券为标的物）
	外汇期货	是指以汇率为标的物的期货合约，又称为"货币期货"，在最终交易日按照当时的汇率将一种货币兑换成另外一种货币的期货合约

期货交易的全过程可概括为开仓、持仓、平仓或实物交割。

开仓指交易者新买入或者新卖出一定数量的期货合约。比如，投资者可以卖出 100 手棉花期货合约；开仓后没有平仓的合约叫持仓，持仓需要投资人具有相当的技巧。

交易者开仓之后可以选择两种方式了结期货合约：一是选择时机平仓，二是保留到最后交易日并进行实物交割。绝大部分的交易者都在最后交易日结束之前选择时机将买入的期货合约卖出或者将卖出的期货合约买回。

信托理财：把资产规模放大

信托就是信用委托，委托人基于对受托人的信任，为了自己或第三者（受益人）的利益，将自己的财产权委托给受托人，受托人依照契约或遗嘱规定的条件和范围，占有、管理、使用信托财产，并处理其收益。

信托是一种理财方式，一种特殊的财产管理制度，一种以信用为基础的法律行为，一种与银行、保险、证券共同构成的现代金融体系。

通过信托行为从委托人转移到受托人的财产称为"信托财产"，包括有形财产，如股票、债券、物品、土地、房屋和银行存款等；无形财产，如保险单，专利权商标、信誉等；一些自然权益，如委托人生前立下的遗嘱，为受益人创造了自然权益。

信托主体涉及三方面当事人，即投入信用的委托人，受信于人的受托人，以及受益于人的受益人。

（1）委托人是信托关系的创设者，应是具有完全民事行为能力的自然人、法人或依法成立的其他组织。委托人提供信托财产，指定受托人，并有权监督受托人实施信托；确定受益人，及受益人享有的受益权。

（2）受托人承担管理、处分信托财产的责任，应是具有完全民事行为能力的自然人或法人。受托人必须恪尽职守、诚实履约、有效管理；必须依照信托文件的法律规定管理好信托财产。

（3）受益人是在信托中享有信托受益权的人，应是自然人、法人或依法成立的其他组织（不包括未出生的胎儿），公益信托的受益人是社会公众。

信托客体主要指信托财产，必须是委托人自有的、可转让的合法财产。法律法规禁止流通的财产不能作为信托财产。信托财产具有独立性，包括以下几个方面：

（1）信托财产与委托人未建立信托的其他财产相区别。建立信托后，委托人死亡或依法被解散、依法被撤销、被宣告破产时，当委托人是唯一受益人时，信托终止，信托财产作为其遗产或清算财产；当委托人不是唯一受益人时，信托存续，信托财产不作为其遗产或清算财产。

（2）信托财产与受托人固有财产（受托人所有的财产）相区别。受托人必须将信托财产与固有财产区别管理，分别记账，不得将其归入自己的固有财产。

（3）信托财产独立于受益人的自有财产。受益人虽然对信托财产享有受益权，但这只是一种利益请求权，在信托存续期内，受益人并不享有信托财产的所有权。

鉴于对以上内容的理解，可以总结出信托理财的优势，广泛来讲，就是监管安全、收益较高、量身定做、财产独立性、物上代位性。

（1）监管安全。在我国，受托人是特指经中国银保监会批准成立的信托投资公司，属于非银行金融机构。信托公司作为银保监会监管体系内的正规金融机构，监管政策非常严格，大众所购买的信托产品都是经过银保监会审查备案后的正规金融产品。这类产品有完善的前期尽职调查及存续期管理，以确保产品到期能够如期兑付。

（2）收益较高。从各大信托公司发行的收益产品来看，信托公司直销的产品年化收益率在 7% ~ 9%。普通银行理财，没有风险，但收益低；货币型基金和债券基金和宏观实际利率水平息息相关，不够稳定；固定收益类的券商资管，目前年化收益率在 4% ~ 5%。简单对比可以发现，在收益率方面，信托产品超越了大部分市场上的固收类产品，不过，部分特殊的产品要排除在外。

（3）量身定做。信托产品属于非标准化的产品，可以实现真正意义上的私人定制。信托公司可以根据投资者的喜好，量身定做信托产品来最大限度满足投资者需求。信托产品的受益人可以设定为自己（自益信托），可以设定为他人（他益信托），也可以设定为需要帮助的公众和特定群体（公益类信托）。

（4）财产独立性。客户购买信托产品，是将这笔钱委托给了信托公司，这笔钱的所有权也转移到信托公司。如果委托人出现经济纠纷需要查封、冻结资产，委托人的信托财产是无法被查封、冻结的。如果存续期管理失职或信息披露不完善导致产品出现风险，信托公司就会用自有资金优先补偿投资人的损失。如果信托公司出现破产，这笔信托就可以交给其他信托公司完成管理，最后实现平稳着陆。

（5）物上代位性。在信托期内，由于信托财产的管理运用，信托财产的形态可能发生变化。例如，信托财产设立之时是不动产，后来卖掉变成资金，然后，以资金买成债券，再把债券变成现金，呈现多种形态，但它仍是信托财产。信托财产在盘活不良资产、优化资产配置中，具有永恒的市场。

信托在理财大家庭中相对小众，但其价值独特，依旧牢牢地吸引了一些人的视线。下面，我们就对信托的种类进行盘点，以便大家在想要购买信托产品时有更清晰的认知。为了更利于讲述，将信托种类以表格形式呈现（见表4-7）。

表4-7　信托种类

划分标准	信托名称	解释
行为性质	民事信托	所涉及的法律依据在民法范围之内，不以营利为目的，任何民事主体都可以设立。范围包括个人财产的管理、抵押、变卖等，遗产的继承、管理等
	商事信托	又称"营业信托"，以营利为目的，以商法为法律依据。自然人不得从事商事信托，受托人依照法律法规取得经营资格或牌照

划分标准	信托名称	解释
委托人/受托人性质	个人信托	以自然人为委托人的信托业务，按生效时期可分为"生前信托"和"身后信托"两种。包括：①执行遗嘱和管理遗产；②监护没有行为能力的人；③受托为事务繁忙或没有行为能力的人代管财产；④代办个人证券投资；⑤财务咨询
	法人信托	又称"机构信托""公司信托""团体信托"，由公司、社团等法人委托信托机构办理的各种信托业务
委托人数量	单一信托	委托人只有一人，多为机构，交易结构简单，按照委托人意愿单独管理运用信托财产，信托计划信息无须披露。较常见的单一信托计划是银信合作项目
	集合信托	通常是受托人主动设立，委托人在两人及两人以上，信托财产是众多委托人个人财产的集合体，需要详尽的信息披露材料。个人投资者所投资的大都是集合信托
信托对象	自益信托	委托人为自己的利益而设立的信托，委托人本身即为受益人
	他益信托	委托人并非为自己的利益，而是为第三人的利益设定的信托
信托财产	资金信托	信托财产为资金，是委托人基于对信托机构的信任，将自己合法拥有的资金委托给受托人，由受托人管理、运用和处理的行为，是市场主流信托
	动产信托	信托财产为动产，指能够移动而不损害其经济用途和经济价值的物品，包括机器设备、车辆、动物等
	不动产信托	信托财产为不动产，如土地、房产、构筑物等
	其他财产信托	一些权利性质的信托，信托财产可以为股权、债券、专利权、收益权、知识产权甚至是表决权等
关系建立方式	任意信托	又称"自由信托""意定信托"，完全以各方当事人的自由意志表示为依据成立，不受外力干预
	法定信托	依照法律规定或者强制，或者法律根据对当事人意思的解释、推定而成立的信托。常见于英美国家，比例较小，如财产所有人未留遗嘱死亡时法律默认的信托

续表

划分标准	信托名称	解释
信托公司管理模式	通道型信托	如银信合作，银行委托信托公司就某项目发起单一或集合信托计划，银行是该融资项目风险和收益的承担者，信托公司仅提供通道，赚取一定数额的通道费
	被动管理型信托	信托公司根据委托人或是由委托人委托的具有指令权限的人的指令，对信托财产进行管理和处分的信托，单一信托往往会指定用途，多为被动管理型
	主动管理型信托	信托公司在过程中发挥主导作用，有全部或部分的信托财产运用裁量权，可对信托财产进行管理和处理
资金运用方式	贷款信托	以向融资企业发放贷款的方式完成
	股权投资信托	以股权方式投资，通过股权受让和增资，持有公司部分或全部股权
	权益投资信托	将信托资金投资于能够带来收益的各类权益的资金信托品种，权益包括基础设施收费权、公共交通营运权、旅游项目收费权等
信托目的	担保信托	旨在保证信托财产的安全，而非信托财产的有效管理和增值
	管理信托	又称"财产管理信托"，受托人在不改变信托财产的原有形态和方式下进行的管理信托财产行为，如用于出租的房产信托
	处理信托	通过使用、支配、处分信托财产，使信托财产本身增值或受益人获得最大化信托收益，委托人须允许受托人变更信托财产的形态和方式。现今社会上实行的信托投资业务，即属于处理信托
信托业务	债权信托	把资金借给对方，约定到期和收益的产品，也就是融资类信托
	股权信托	指投资于非上市的各类企业法人和经济主体的股权类产品
	标品信托	标准化产品，一般是可分割、公开市场流通的有价证券，包括国债、期货、股票、金融衍生品等，盈利点来自价差、投资收益
	同业信托	资金来源和运用都在同业里，主要包括通道、过桥、出表等
	财产信托	将非资金信托的财产委托给信托公司，信托公司帮助委托人进行管理、运用、处理，实现保值增值
	资产证券化信托	从事资产证券化的信托产品

划分 标准	信托名称	解释
信托 业务	公益信托	信托设立以慈善为目的，即救济贫困、助灾扶残，发展教育、科技、文化、艺术、体育、医疗等社会公益事业
	事务信托	所有事务型代理业务，包括融资解决方案、财务顾问、代理应收应付款项、代理存款等
投资 收益	固定收益 信托	收益率和期限固定的信托产品，到期后根据合同约定的收益率兑付给投资者
	浮动收益 信托	收益不确定，到期收益率与投资标的的净增值有关
涉及 地域	国内信托	业务范围限于本国境内的信托。我国经办信托业务的机构是各专业银行所属的信托公司和经批准成立的地方信托投资公司
	国际信托	国际交往中接受他人信任与委托，代为经管财物或代办事务为指定的人谋利益的经济行为。包括：①短期资金信托，主要是信托存款、信托贷款和委托贷款；②投资信托，即运用吸收的信托资金和自有资金投资于国内外企业或项目；③筹资信托，即受托在国内外金融市场上代为发行或经销证券，为客户筹资

外汇理财：钱生钱的新渠道

外汇投资是用一国的货币兑换另一国的货币，即国家与国家之间因贸易、投资、旅游等经济往来，引起货币间支付的关系。外汇交易市场是世界上最大的金融市场，几乎全天候都有交易在进行，且交易量庞大。

从外汇交易的区域范围和周围速度来看，外汇市场具有空间统一性和时间连续性两个基本特点。

1. 空间统一性

由于各国外汇市场都用现代化的通信技术（电话、电报、电传等）进行外汇交易，因而各国之间的联系非常紧密，形成一个统一的世界外汇市场。

2. 时间连续性

世界上各个外汇市场在营业时间上相互交替，形成一种前后继起的循环作业格局。

外汇理财的种类不同，其特点亦不同，投资者在选择之前需要了解清楚（见表4-8）。

表4-8 外汇理财种类

划分标准	外汇种类	解释
限制性	自由外汇	又称"现汇"，不需要货币当局批准，可以自由兑换成任何一种外国货币或用于第三国支付的外汇
	记账外汇	又称"协定外汇"，不经货币当局批准，不能自由兑换成其他货币或用于第三国支付的外汇
来源和用途	贸易外汇	对外贸易中，商品进出口及其从属活动所使用的外汇
	非贸易外汇	贸易外汇以外所收支的一切外汇
交割期限	即期外汇	外汇买卖成交后，在两个工作日内交割完毕的外汇
	远期外汇	买卖双方根据外汇买卖合同，不需立即进行交割，而是在将来某一时间进行交割的外汇
管理对象	居民外汇	居住在本国境内的机关、团体、企事业单位、部队和个人，以各种形式所持有的外汇。居民通常指在某国或地区居住期达一年以上者，但外交使节及国际机构工作人员不能列为居住国居民
	非居民外汇	暂时在某国或某地区居住者所持有的外汇，如外国侨民、旅游者、留学生、国际机构和组织的工作人员、外交使节等以各种形式持有的外汇

注：交割是指本币和外币所有者相互交换货币所有权的行为，也就是外汇买卖中外汇的实际收支活动。

外汇市场是一个24小时不断变化的市场，是一个完全公平的市场，是一个即买即卖的市场。虽然外汇市场存在种种投资可能，但投资者还是要掌握必要的方法。

1. 外汇储蓄

外汇储蓄的收益相对于波动无常的股市或汇市，仍然是风险最小的投资品种。因此，外汇储蓄一直都是外汇理财的主要渠道。现在国内可供储蓄的外币有欧元、英镑、美元、日元、澳元等八种。

不同的外币储蓄利率不同，且不同币种的汇率也不同。例如，国内银行的美元活期存款利率在 0.05% ~ 0.1%；而美元短期"定期存款"，如一个月、三个月、六个月的美元存款利息大约为 0.2%、0.3%、0.6%。美元之外的其他外币币种，各大银行储蓄利息的差异则相对大一些。

2. 个人外汇买卖

目前，国内主流银行都开通了个人外汇买卖业务。投资个人外汇买卖需要具备一定的外汇基础知识，并对世界经济走势有所判断。

投资者按照所交易银行公布的外汇买入 / 卖出价，将某种外币的存款换成另一种外币的存款，利用国际外汇市场外汇汇率的波动，在不同存款货币间转换赚取汇差。

3. 外汇期权

外汇期权交易是一种权力的买卖，分为买权和卖权两种。如果操作正确，期权既可以获得存款利息，又可以凭借这笔存款的本息再去投资汇市，获得利率、汇率双丰收。

在交易中，权力的买方有权在未来的一定时间内，按约定的汇率向权力的卖方买进或卖出约定数额的外币，同时，权力的买方也有权不执行上述买卖合约。为取得上述买或卖的权力，期权的买方需要向期权的卖方支付一定的保险费。

个人外汇期权较外汇实盘买卖的风险要大，准入门槛也高，国内期权交易起始金额在 5 万美元以上（面向公司法人的外汇期权交易起始金额在 100 万美元以上），国外期权交易起始金额都在 20 万美元以上。

4.外汇保证金交易

外汇保证金交易需要通过外汇交易经纪公司进行，既可买涨，也可买跌，是虚拟盘交易。优点是交易方式较为简单，且有利息收入；缺点是在某些特殊条件下（如杠杆倍数较大、资金管理不善等），投资者保证金账户中的权益可能会出现负值，即出现爆仓现象。

外汇保证金交易需要通过外汇交易经纪公司进行，资金管理相对较为复杂，需要很多资金管理方面的技巧。

外汇理财因为涉及货币币种，所以，需要具备稳定的外汇收入、手中持有一定数量的外币、未来有使用外币的需求这三个条件，再考虑进场进行外汇理财。投资者在挑选外汇理财产品的时候，需要做好四个方面的准备工作（见图 4-9）。

正确、客观地评估自己的风险承受能力

判断汇率的未来走势，尽力减少货币兑换带来的损失

看理财产品的挂钩标的，判断产品的结构设计合理性和盈利概率

看产品的赎回条件，某些结构性外汇理财产品无权提前赎回，部分产品需要支付手续费方可赎回

图4-9　投资外汇理财的准备工作

在作外汇理财规划时，由于风险承受能力和资金规模的不同，不同的

外汇投资者有不同的选择。根据投资规模，投资者分为小、中、大三类。根据风险承受力，投资者分为保守型和进取型。

（1）资金规模小的保守型投资者，应将资金主要用于安全系数较高的品种，如外汇活期储蓄及信托产品，既可通过信托获得比定期储蓄高的收益，又能使资金保持足够的流动性。

（2）资金规模小的进取型投资者，可将大部分资金投入汇市，将小部分资金放入外汇活期储蓄，一旦汇市出现亏损，就用外汇活期储蓄资金进行补仓。

（3）资金规模中等的保守型投资者，在储蓄和信托产品的基础上，可将50%的资金交给银行进行专业理财规划。

（4）资金规模中等的进取型投资者，可以加大进入外汇市场的比例，以求在收益率的点差和服务上获得最大便利。

（5）资金规模大的保守型投资者，在选择投资组合时，可要求银行理财专家进行具体个人规划。

（6）资金规模大的进取型投资者，应尽可能利用银行提供的外汇衍生工具，在汇市中进行"套期"，以获得满意的收益。

黄金理财：犯错成本最低

投资界大佬吉姆·罗杰斯始终坚持价值投资的法则，他认为："如果你是因为商品具有实际价值而买进，即使买进的时机不对，也不至于遭到重大损失。"

商品具有实际价值的意思，就是商品本身值多少钱，就像房屋一样，有一个其本身的价值，而股票若没有市场和企业作为依托，其本身是不具有价值的。

几乎各国政府都将黄金储备作为国家的经济保障，黄金对稳定国有经济、保持币值稳定有重要的积极作用。且黄金是一项独特的资产，它不受任何国家货币政策和财政的直接影响。

个人投资方向主要有不动产、储蓄、有价证券和贵金属，黄金在对抗通货膨胀、规避风险上有明显优势（见表4-9）。

表4-9　黄金与不动产、储蓄、有价证券的投资对比

投资项目	价值变化	流动性	变现性	营利性	维护成本
不动产	变化微小，具体视投资环境而定	一般	地理位置决定价格高低，出售时机决定损益多少	视投资环境变化和级差地租而定	包括物业管理和维修费，交易税金
储蓄	受通货膨胀高低影响较大	高	与现金等值	利息高低受通货膨胀影响，通货膨胀高，利息高；通货膨胀低，利息低	许多国家开征储蓄税
有价证券	变化强，种类多，价值受宏观经济、货币政策影响较大	高	高	债券盈利比较稳定，股票盈利波动较大	在买卖时有一定的交易成本、税收和手续费等
黄金	价值变化微小	高	高	买卖实金盈利低，风险低；炒作纸黄金盈利较高，风险高	实金维护成本高，纸黄金维护成本低

黄金一直是金融市场最主要的资产投资途径之一，是需要及时关注的经济数据。

黄金是对抗风险以及资产配置的重要方式之一，个人投资者也应多关注和适当配置黄金资产。下面介绍黄金投资的六个主要方式。

（1）实物黄金。个人购买的黄金产品，包括金币、金条、黄金首饰、

黄金物品等。其中，黄金首饰与货币是 1 ∶ 1 的形式，即按黄金市价购买黄金，不涉及涨跌，只能保值；金条具有收藏功能、变现快、抗风险能力强的特点，适合大额资金。

（2）现货黄金。现货黄金就是媒体经常说的"伦敦金"，"伦敦金"是纯度为 99.5%，重量为 400 盎司的金砖。采用"T+0"交易模式，双向操作可买涨买跌，24 小时不间断交易，时间及价格与国际金价市场接轨，杠杆比例为 1 ∶ 12.5。

（3）纸黄金。纸黄金是一种个人凭证式黄金，投资者按银行报价在账面上买卖"虚拟"黄金，通过把握国际金价走势低吸高抛，赚取黄金价格波动差价。

（4）黄金 ETF。黄金 ETF 是指绝大部分基金财产以黄金为基础资产进行投资，紧密跟踪黄金价格，并在证券交易所上市的开放式基金。交易流程简单便捷，具有存储安全、交易成本低、交易手段灵活、流动性高等特点。

（5）黄金期货。黄金期货是以国际黄金市场未来某时间点的黄金价格为交易标的的期货合约，投资人买卖黄金期货的盈亏由进场到出场两个时间的金价价差决定。黄金期货采用保证金交易模式，具有杠杆作用，在降低资金占用率的同时，增大了市场波动性，需要投资者具有更为专业的知识和技巧作为支撑。

（6）黄金"T+D"。黄金"T+D"是由上海黄金交易所制定的交易模式，交易分三个时间段，具有双向买卖、无点差等特点，杠杆比例为1∶5，不适合普通投资者。

除了以上六种，黄金投资方式还有黄金预付款、黄金期权、民生金、互联网黄金业务等形式，不同类型的黄金投资具有各自优势，投资者可根据实际情况酌情选择。

第三篇

单身期
——告别财富裸体

第五章　警惕各类"消费陷阱"

在商品如此多元，经济如此发达的现代社会，辛辛苦苦赚来的钱很容易随通货膨胀流失。盲目消费引发互联网一代年轻"负翁"频现，反而是那些洞察了"消费陷阱"，并成功避开的人，在财富的路上越走越宽。

留出"过冬粮食"

想要建立正确的理财观念，改变消费观念很重要，下面来介绍最为典型的两种负面消费观念。

1. 赚多少花多少

"月光族"只在乎眼前，局限于当下的心情状态。一句"赚钱不就是用来花的吗"，就可以让自己堂而皇之地随意花钱；再一句"用钱能解决的问题就不是问题"……总之，生活中所有的快乐与不快乐，都要和花钱联系起来。

没有为未来存钱的人，是没有应对逆境的能力的。你可能赚钱能力很强，但能留得住钱才是真正的财富。

2. 假精致

不知从什么时候开始，精致利己成了一些年轻人的主导思想，于是，明显超出自己承受范围的消费被各种借口掩盖了，表面看起来，确实光鲜了，但生活并不亮丽。

能够拥有精致的生活是好的，但前提是要与自己的实际情况不相冲突。因此，开始改变思维模式，养成储蓄和理财的习惯。很多理财产品就是为普通人量身定做的，只是因为很多人并不了解，所以，才错过了获得更多收益的机会。

当你通过控制消费，坚持理财时，你会发现自己做事更加有底气，也更有规划性，对于实现财务自由也更有信心。

明智消费，消灭"拿铁因子"

"拿铁因子"一词是由美国金融作家大卫·巴赫首先提出来的，是指那些生活中非必要，却能产生积少成多的支出。

大卫·巴赫引用了一个小故事：一对夫妻每天早上必定喝一杯拿铁咖啡，看似很小的花费，30年积累算下来，花费竟然达到了几十万元。

太不可思议了，但有实事有真相，咱们一起来看一看。

如果你喜欢喝下午茶，每天20元，隔一天消费一次，每月需要300元，一年花费3600元，如果每天都喝呢？

我们不去计算30年的花费了，因为有通货膨胀。每个人都知道自己一年的收入，看看仅一项"拿铁因子"的消费占了全年收入的多少比例。

不算不知道，每一次的花费虽然都不多，但累计起来就是一笔很大的开销。决定财富积累的不一定是某一项大收入，而是隐藏在我们不注意的细节当中。大卫·巴赫更早地注意到了这个现象，告诫大家，尤其是年轻人务必控制一些非必要的支出，并定期进行储蓄和投资，长期坚持下来，当财富积累到一定程度时，就能让自己过上财务自由的生活。

现在我们已经注意到了"拿铁因子"将这些小额花销适当缩减并不会影响我们的生活品质，还能节省下一笔不菲的结余。

但也必须承认"拿铁因子"真的不容易缩减，因为它随处可见，一不小心就会随手消费。生活习惯、逛街途中、娱乐消费、上网浏览、与人交际、微信红包等，都是"拿铁因子"的高发区。

对于生活习惯，要区分好的生活习惯和不好的生活习惯，好的要保持，不好的要改正或者尽量控制。比如，每月读三本书，应该坚持，这一块的消费不需要缩减。比如，"饭后一支烟，赛过活神仙"，既浪费钱，又损害身体，能戒掉最好，戒不掉也要减少消费。

逛街不单纯是为了购物，也是一种交际放松的方式。逛累了，吃点东西都是可以的。但要适度，不能一会儿吃点这个，一会儿买点那个，自己的钱包受损不说，给别人的印象也不好。

如今娱乐消费已经成为必要支出，下班后同事、好友间偶尔聚餐，周末男女朋友相约看场电影，好友间组织打球、远足、野炊等，都能起到很好的放松作用，但也要适度。

与人交际也很容易产生"拿铁因子"。比如，去朋友家做客，发现某样东西很好玩，自己也想拥有，朋友又极力推荐，自己就买了。要保持"购物脑"清醒，别人有的东西，自己不一定也要有。多说一句，我们也要减少向朋友输出"拿铁因子"。

与生活习惯不相上下，网购也是"拿铁因子"的重灾区。因为看不见实体金钱的花费过程，更减少了花钱时的犹豫，只要动动手就送货到家了。再加上不断出现的打折、优惠，都在以低价的方式诱惑你消费。

最后说说微信红包，这是最新兴起的"拿铁因子"。多数红包的数额不大，但如果你记账就会发现，加在一起的话，数目也很可观哪！一年之中除夕、大年初一、正月十五、端午、中秋等，每个传统节日和重要日子都可能要发红包。微信红包的使用，自己心里要有数。

最好的消灭"拿铁因子"的方法是记账，将每一笔开销都仔细地记下来，要分门别类做记录，有很多这类的 App 可供选择，"时光序"就很不错。月底将这一个月的消费明细认真分析。房租、水电煤气费、地铁公交费、电话费这些是省无可省的。餐费可根据自身情况规定最低预算。购买生活用品的费用也应节省，比如在"618""双 11"店家搞促销的时候囤日用品，半年一次，一次半年……除了生活的必需开销，剩下的支出就是纯"拿铁因子"，必须将其缩减。

只要平时稍微留心，消除那些"拿铁因子"，就会额外增加不少收入，既能提升当下的生活品质，又能为未来创造具有安全感的生活。

从分期付款的甜蜜中清醒过来

年青一代更习惯各类线上消费场景，也具备超前消费意识。一些购物平台由此开展各式各样的营销活动，以分期付款的方式诱导部分年轻人做出盲目消费的行为。

你可曾听说一个词叫"暴花户"？是说一些本身没什么钱的人，但特别敢消费，因为有分期付款。分期付款在一、二线城市十分常见，因为既能缓解经济压力，还能满足消费需求，受到年轻人的欢迎。

但是，真的像金融机构说的那样可以帮我们省钱吗？

我们以一件售价 9999 元的商品为例，分 12 期，每个月还款 895.74 元。金融机构一般会强调分期还款没有利息，只收取手续费（等于变相利息）。这款商品的总还款额是 10748.88 元（895.74 元 / 月 ×12 个月），手续费是 749.88 元（10748.88 元 −9999 元）。

如果按照总还款额和手续费的直接比例，一年手续费只有 7.5%，算作利息也不算高。但分期还款的利息是按照分期计算的，每个月都在还款，虽然欠款一直在减少，但是手续费始终按照欠款 9999 元来计算。如此一来，真正的月利率和年化率将非常高（见图 5−1）。

借款设置

借款金额：9999 元 历史年化：13.56 % 借款期限：12 个月 还款方式：每月还款

开始计算

贷款概述

每个月将偿还： ￥895.7126 您将在12个月之后将贷款还清

月利率： 1.13% 您还清贷款总共要还10748.5512元(小于0.01元无法计算，可能会有误差)

偿还的时间表

月份	月偿还	月本金还款	利息	
1	895.7126	782.7239	112.9887	
2	895.7126	791.5687	104.1439	
3	895.7126	800.5134	95.1992	
4	895.7126	809.5592	86.1534	
5	895.7126	818.7072	77.0054	
6	895.7126	827.9586	67.7540	
7	895.7126	837.3146	58.3980	
8	895.7126	846.7762	48.9364	
9	895.7126	856.3448	39.3678	
10	895.7126	866.0215	29.6911	
11	895.7126	875.8075	19.9051	
12	895.7126	885.7041	10.0085	

图5-1 9999元商品分期付款的真实年化利率

从图 5-1 可知，当年化利率达到 13.56% 时，还款总额为 10748.5512 元，基本与 10748.88 元持平。也就是说，分期购买这款 9999 元商品的真正月利率是 1.13%，真正的年化利率是 13.56%。

你以为分期付款很划算只不过是看上去而已。

其实，分期还不是最可怕的，可怕的是分期后面的欲壑。

经济学家德拉赞·普雷莱茨发现，人们在使用信用支付时，能够体会到强烈的"消费快感"。心理学上有个"棘轮效应"，是指人的欲望会不断膨胀，尤其是在快感的驱使下。如果你认为能靠自己的意志力克服，那么你打败仗的概率将非常大。很多时候，我们不过是池塘里的小鱼儿，明明已经看到了同伴因为一时贪心丧了命，可是，当有鱼钩下来的时候，还是会毫不犹豫地咬上去。

因此，奉劝年轻人，要保持清醒，远离这种太容易获得的快感。正确评估自身的实际需求和还款能力，培养理性消费、合理借贷的理念。

最后，消费信贷是用来解决合理消费的需求，不是为了满足超出自己承担能力的盲目消费，别让负债变成生活常态。

第六章　第一桶金从哪里来

在人生的道路上，第一桶金是最重要的，也是最难获得的。对于刚刚走上社会的年轻人，想获得第一桶金，大概率要从自己已有的收入上入手，通过良好的储蓄习惯和设定理财目标，增加可流动资产等多种方式，让自己的财富跑赢同龄人。

检视个人收支

具有理财观念，并一直坚持理财行为的人，有一个非常重要的习惯，就是经常检视自己的收支状况。很多人对此可能不理解，自己的收入和支出状况有必要经常检视吗？不都明摆着吗！如果一个人的收入在本来就有限的情况下，还被固定下来，就是每月的薪资加上定期存款的利息，没有更高利润率的收益，出现资产缩水将不可避免。

检视自己的收支状况，是为了清楚自己的经济现状，明确自己的经济地位，明晰自己未来的财富任务。比如，甲刚工作两年，几乎没攒下什么钱，他当务之急要做的是减少消费支出，通过检视收支情况，给消费瘦身；再如，乙已经工作十年了，攒下来 17 万元，他觉得成绩不错，但当他知道了和他同岁且收入还不如他的丙，已经有 25 万元存款时，他首先要想到的是如何增加收入，同样也可以通过检视收支状况，找到自己应在哪些方面加大理财投资。

检视个人收支可分为四个步骤。检视个人收支的前提就是有个人收入。

第一步，个人基本情况。

个人基本情况包括个人的年龄、从事的职业、身体健康状况，有哪些家庭成员，以及家庭成员的年龄、职业、健康状况等（见表6-1）。

表6-1　个人基本情况

成员	年龄	职业	健康状况
本人			
父亲			
母亲			
……			

注意，该步骤只是了解个人及家庭成员的基本状况，关于收入、支出等财务状况不要列入；诸如姓名、性别等刻板要素就不必列入了。

第二步，个人财务状况。

个人财务状况主要包括本人和家庭成员的收入，生活支出和各项费用，生活水平如何，是否留出至少两个月的生活备用资金，是否有负债，负债率是多少，是否有潜在的财务隐患，风险投资的资产占比等。

将问题一一列出来，然后将答案写在后面，再进行自我评估。如果你收入稳定，没有负债和财务隐患，也没有过多的风险投资，且家庭成员都身体健康，那么可以说明财务是健康的。具体的财务状况需要个人依据实际情况进行评估。

第三步，资产负债项目和可支配财富。

如果一个人的负债比率过高，就会增加财务负担，一旦收入无法稳定，就会形成无法还本付息的风险。总负债率由自用资金负债、投资负债和消费负债三部分构成。这里需要考虑总负债中各种负债组合的比重以及市场形式，由此来判断自己的财务风险，并进行有效弥补。

当知道个人负债情况后，总资产－总负债＝当下净资产。一般分为两种情况：第一种是净资产小于零，说明目前财务状况资不抵债，有较为严重的财务危机；第二种是净资产大于零，说明目前资产处于资产超过负债的状态，但若是净资产数字较小，财务问题有可能随时出现。

第四步，列出日常收支清单。

及时、合理地计量，有利于全面了解自己的财务状况，对接下来正确设定理财目标、选择合适的投资组合、合理安排收支比例都有十分重要的意义。

日常收入项目包括工资收入、存款利息、投资金融产品的收益，或许还有房租收入，无论哪些收入，都将它们列出来（见表6-2）。

表6-2　每月收入

时间		月	月	月
项目		金额/元	金额/元	金额/元
薪资	月薪			
	年终奖			
	红利			
	其他			
利息收益	定期存款利息			
	股票股利			
	基金收益			
	债券利息			
	外汇收益			
	其他			
其他	租金收入			
	红包入账			
	资本利得			
	其他			
总收入				

　　列出了收入，还必须列出各项支出，因为收入只有经过支出"洗礼"后的收入才是真的收入。年轻人的生活比较随意，随手消费的情况比较多见，我们要看看自己在哪里花了更多的"冤枉钱"（见表6-3）

表6-3　每月支出

时间		月	月	月
项目		金额/元	金额/元	金额/元
衣	服装、鞋帽			
	饰品			
	美容美发			
	化妆品			
	其他			

续表

时间		月	月	月
项目		金额/元	金额/元	金额/元
食	食材			
	外卖			
	聚餐			
	其他			
住	水费			
	电费			
	煤气费			
	电话费			
	物业费			
	其他			
行	公交费			
	油费			
	打车费			
	停车费			
	其他			
日常	生活用品			
	快递运费			
	人情随礼			
	年节礼物			
	医药费			
	其他			
休闲	旅游			
	娱乐			
	年卡、月卡			
	交际			
	其他			

续表

时间		月	月	月
项目		金额/元	金额/元	金额/元
学习	学费			
	材料费			
	考试费			
	其他			
保险	社会保险			
	商业保险			
	车险			
税	所得税			
	利息税			
	发票税			
	营业税			
总支出				

根据表格6-2和表格6-3，计算出自己每月的现金盈余情况，即月收入－月支出。这里分为两种情况：第一种是现金盈余小于零，说明财务状况入不敷出，日常花费支出较大，没有可供支配的积蓄，应对策略是必须减少支出；第二种是现金盈余大于零，说明财务状况存在现金结余，如果盈余数字较小，则财务状况并不良好，需要减少支出。

培养储蓄习惯

对于所有普通人来说，储蓄是致富的基本条件之一。但在并未养成储蓄习惯的人看来，存钱是一件很辛苦的事情！但是，存钱纯粹是习惯的问题，人经由习惯的法则，塑造了自己的个性。

负债者想要将生活拨乱反正，就必须摆脱当下的坏习惯，当习惯的力量驱动你消费时，要从内心抗拒，停止不必要的购物；当习惯的力量驱动你浪费时间时，要及时止损，只有抓紧时间赚钱，才有希望摆脱债务。

如果你现在没有债务危机，只是没养成存钱的习惯，那么恭喜你，你少了一个修正的步骤。从现在开始，把你的收入按固定比例存起来，哪怕只是每月存几百元钱，很快这个习惯将占领你的意识。

养成储蓄的习惯，并不表示它将限制你的赚钱能力。正好相反，储蓄不仅把你所赚的钱系统地保存下来，还能增强你的观察力、自信心、想象力、进取心及领导才能，真正提高你的赚钱能力。

总之，我们有太多的理由让自己养成储蓄的习惯。为我们现在的收入制订储蓄计划，为未来制定目标，这是一件必须做的事情。

当你意识到储蓄的重要性时，就开始付出行动吧。最好的培养储蓄习惯的方法就是零存整取，是指储户存款时与银行约定存期、每月固定存款、到期一次性支取本息的储存方式。零存整取的存期一般分为一年、三年和五年，每月 5 元起存，每月存入一次，中途如有漏存，应在次月补齐（只有一次补存机会）。

零存整取的最大特点是存款次数多，每月都有一次存款，因此利息计算比较复杂，计算公式为：

利息 = 月存金额 × 累计月积数 × 月利率

其中，累计月积数 =（存入次数 +1）÷ 2× 存入次数。据此推算，一年期的累计月积数为（12+1）÷ 2×12=78。依此类推，三年期、五年期的累计月积数分别为 666 和 1830。

零存整取还具有高约束性、积累性和计划性的特点，在帮助储户养成定期储蓄习惯的同时，还让储户获得比活期储蓄更高的收益。

除了零存整取之外，接下来简单介绍五种储蓄方法和五个助力储蓄的小妙招，让我们尽快养成储蓄的好习惯（见表6-4）。

表6-4　储蓄的五种方法和五个妙招

储蓄方法	储蓄妙招
随手储蓄法：将每次消费剩下的零钱放入储蓄罐	做好预算：对自己的财务状况保持正确的认识，设定真实且能够实现的收支目标，并坚持下去
定时储蓄法：每月定一个时间，按照自己规定的比例进行储蓄	控制现金流：回顾自己的收入与支出，总结消费习惯，有意识地在生活中做出调整
定量储蓄法：定一个时间段，自己定比例定量储蓄	想要/需要：当一些想要的事情与自己的财务目标不一致时，对自己说"不"
投资储蓄法：每一个时间段，用一定量资金进行某种投资，获得收益	定期回顾：看看自己买了哪些不需要的东西，做出针对性改变
消费储蓄法：不动用已有储蓄，将要购买物品所需的金额额外节省出来	削减开支：寻找可以削减的不必要支出和一般必要支出

设定理财长期目标

有目标才有行动力和持久性，财富是积少成多逐渐积累的过程，需要平稳妥当的理财目标引领计划的实施。

谈到理财目标的设定，每个人的情况都不一样，但都可划分为长、中、短期目标。其中，长期目标是核心，只要长期目标明确，中、短期目标就会清楚呈现。长期目标一般是从理财起始点开始，一直到人生重大时间节点时所要达成的财务目标。重大时间节点通常是结婚、子女成年、创业、退休等人生关键时期。长期目标的最大特点就是时间长，最短也是5～10年起底。

有人希望结婚前能买一套住房，积攒房屋首付就是最大的财务目标；有人希望自己在35岁前有资金创业，十年的理财规划必不可少；有人希望子女将来能出国留学，学费和生活费将是一项长期理财目标；有人希望退休后拥有更多可支配财富，理财将跨越几十年的历程；有人希望给子女留下一些固定或流动的资产，理财就是一项终身事业。

这些理财目标都是长期的，但不表示它们是孤立存在的，即一个长期理财目标时期内只完成一项理财任务。长期理财目标是并行存在的，如果我们将上段中的"有人"看作一个人，那么这个人的长期理财目标几乎都是交叉的，在为自己准备创业资金的同时，还要准备孩子的留学费用，同时还有更长的退休理财计划和"终生制"的财富传承计划。

在实现长期目标的过程中，目标可能会随着个人或家庭阶段的不同而发生变化，因此，需要分期设定，定期修正。

1. 列出并诊断现有财务状况

建立个人及家庭财务档案，包括个人或家庭的现有资产、负债、收入、费用等所有与钱有关的资料。

将收集、整理好的资料，用理财的观点加以分析，找出自己必须改进的地方。比如，日常生活中不经意的支出太多，投资没有和阶段性的目标相符，没有规划闲钱而是任由通货膨胀侵蚀……如此种种，都要厘清。

2. 制定个人理财目标

按理财时间长短分为短期目标（1年左右）、中期目标（3～5年）、长期目标（5 年以上）。对于普通工薪阶层来说，养老是长期财务目标，中期财务目标包括子女教育、购房、医疗等，短期目标很多，如消费需求，如购车、旅游、购物等。

划分目标期限的好处就是区分目标的可实现性，如果初入社会的年轻人希望在北、上、广、深等城市买一套大房子，显然属于长期目标，短期几乎难有实现的可能。长期目标需要长期努力才能达到。所以，当下要为每一个短期目标努力，如年底存够 2 万元，明年年底要买一辆 10 万元以上的车等。实现了每一个小目标，大目标才有机会实现。

3. 测试风险承受能力

市场上不同理财产品的风险水平不同，并非所有理财产品都适合投资。个人投资者最好根据自身的风险承受能力，选择与风险水平匹配的产品参与投资。

如果个人的风险承受能力一般，就不要轻易涉足具有高风险高收益的领域，甚至根本不要涉足。

4. 确定投资模式

在确定财务目标和风险承受能力后，投资者应考虑具体的投资模式。理财目标可以通过单一的方式实现，也可以通过多元组合方式实现。

影响投资者选择正确投资模式的阻碍就是短期利益。某投资者判断一只股票最近仍能有涨幅，想打短线赚一小笔，但是，同时他也看到另一只股票有长线行情，想买入后长期持有。但他的资金不多，如果分散买两只股票就会稀释利润，于是，他决定先买这只短线股，赚到钱卖出后再买另一只长线股。等到短线股如愿赚到钱后，长线股仍在震荡期，恰好此时处于当时阶段较高的价位上，但他炒短线股耽误了些时间，因为他入场的价位比较高，始终在赔钱状态，所以，他开始对自己的判断产生了怀疑，最终选择了割肉止损。后来，这只股又经过很长时间的震荡，慢慢悠悠地一路上涨，翻了一番半。但他始终没有再买入，因为缺乏对这只股的信心。

注重短期回报而忽视长期利益，就是过于在意当前的成本效益，结果就是以大换小。思维丰富的投资者在面对短期利益的诱惑时，可以保持更理性的思维，看到更本质的东西。

5. 坚持严格执行

一些人也制订了详细的理财计划，但几年下来手里还是原来的那些钱。因为他们并未严格执行理财计划，有的时候花钱少了就多存一些钱，有的时候花钱多了就少存一些钱，这一点，对于理财规划来说可能是致命的。理财计划的投入应该是长时间定量的投入，而不是心血来潮的突击投入。

最后说一说，制定理财目标是个人决定的，但制定的目标一定要与自己的财务状况和能力价值相匹配。王健林说"先定个小目标，赚它一个亿"，对普通人来说是天方夜谭，对王健林则是轻而易举，所以，只有为自己量体裁衣制定合理的理财目标，才是真正的具备理财观念。只有切实落下每一个脚印，才有机会走向光明的未来。

实现财务自由的四个步骤

实现财务自由是每个人的愿望，但是，能够实现财务自由是非常不易的，不仅要具备赚取不菲薪资的能力，还要具有比一般水平高的理财能力，更要有持之以恒的决心，通过不断锤炼自己的财商，让自己的财务水平最快速提升。下面，通过四个步骤详细分析，以帮助个人在进行理财时更加顺利。

1. 预定风险

投资理财不能只想着获利，还要想到风险。要设定理财的目标，同时也要明确自己的风险承受能力。通常，风险承受能力分为五个级别：进取型、偏激进型、中庸型、偏保守型、保守型。

投资者可根据自己对收益的渴望程度和对风险的恐惧程度进行判断。甲希望获得高收益，对于较大的损失也能接受，甲是进取型；乙也希望获得高收益，但对损失也很在意，折中之后可认为乙是中庸型；丙认为收益不用太高，风险系数要控制下，稍微损失点无妨，丙是偏保守型；丁觉得收益只要比银行定期高点就行，无法接受赔本，可以判定丁是保守型。

2. 开始理财

理财不是心中的想法，想得到美好，仍然需要实际操作去实现。

（1）预算开支，理财必须聚集财富，在收入的范围内计划支出，每月都有计划内的结余。这就要求我们养成"只花对的钱"的意识，尤其是收入水平较低的人，不必要的开支坚决不花，必须花出去的钱也不能刻意节省。

（2）学会储蓄。关于储蓄这一点，我们在不同小节中已经反复提到多次了。一方面要养成零存整取的习惯；另一方面要慎用信用卡，不要在渴望成为"富翁"的同时先成了"负翁"。

（3）及时记账。记账可以提升自己对金钱的控制力，也是最简单的经济学和会计学理论的实际应用。养成记账习惯，虽然不能直接致富，但可以节约资金，还可以培养健全的理财观念，让自己终身受益。

（4）合理投资。解读经济大势，提升投资信心，合理分配自己的储蓄、基金、债券、股票、保险以及不动产等各种资产，最大限度地获得资产的保值与增值。

3. 提升能力

理财能力的高低决定了投资获利的多少，也决定了一个人是否有机会实现财务自由。那么，投资者该如何提升自己的理财能力呢？

（1）加强理论学习。理论是实践的基础，要适当学习理财相关知识，厘清各项经济、金融政策与理财产品的关系。

（2）分析市场信息。养成关心时事、关注新闻的习惯，以获取资本市场的信息动态。同时，对各类经济事件加以分析，训练独立思考、判断的能力。

（3）总结经验教训。对于过往的投资经历要及时总结，累计经验和教训，对他人的成功理财和失败理财要吸取借鉴，形成自己的理财风格。

（4）完善理财规划。在不断的实践中发现规划的不足之处，结合具体情况，对规划进行调整完善。

4. 锤炼财商

财商是指一个人在财务方面的智力，可以通过学习财务知识、投资知识、资产负债管理知识和风险管理知识提高。

（1）多方面学习。大部分人在理财时已经错过了通过学校学习财经知识的阶段，但可以通过电视、网络、报纸、书籍、杂志、请教专业人士、适当参加理财活动等途径补充学习。

（2）检查财务健康状况。将家庭收支情况按时逐笔记载，月末结算，季度总结，年度汇总。可以准确检查收支是否健康，应该在哪里做出调整。

（3）实践理财规划。制订一套可行的理财规划，并适当参与投资理财的实践，在实践中提高财商。

第四篇

家庭形成期
——建立财富蓄水池

第七章 形成与收入水平匹配的消费观

与收入水平匹配的消费观是根据自己的经济收入决定消费能力，不盲目超前消费，不跟其他人搞消费攀比。保持良好的消费习惯和消费方式，以实际收入决定消费层次，用合理消费促进自己的赚钱动力。建立起家庭的财富蓄水池，保持一定比例的积累和盈余。

了解家庭财务状况

理财投资就像打仗，在开战之前总要对己方的情况有详细的了解，兵力有多少，装备是否到位，补给是否够用，有没有后备力量，有没有外援，战争的目标是什么，输赢的底线是什么……做好详细的战备计划，才有可能把这场仗打赢。

无论是个人还是家庭，想要进行投资，都必须掌握自己和家庭的财务状况。不只包括金融资产，还包括实物资产、奢侈资产、债权资产和资产负债，只有弄清楚家底，才能做到收放有度。

1. 金融资产

金融资产和实物资产是最直观的财产，属于一眼可见的。金融资产分为现金和银行存款两大类，货币市场基金净值，利息收益作为当年的收入。

那些能够带来收益或在退休后将要消费的资产，主要包括现金、金融机构的存款、养老金的现金价值、基金、债券、股票（国内市场或国外市场）、期权、期货、贵金属投资（黄金）、直接的商业投资等，都属于金融资产。这些资产都具有生息生利的特性，因此也叫"生息资产"。其中，直接的商业投资可以单独列出，作为经营资产。

金融资产是理财规划中最重要的部分，因为它们是理财目标的来源。除了保险和居住的房产外，大多数个人理财就是针对这些资产。

2. 实物资产

实物资产是生活中所必需的，包括房产、汽车、家畜、土地（承包）、建筑物（自建）、知识产权、专利、库存、货物（成品和半成品）、材料、用于生产产品的机械设备等。

实物资产的积累也是很多理财投资的目标，如投资房产，通过专利创业等。实物资产并非都能产生直接的增值收入，如汽车就属于贬值实物，但是汽车可以给我们带来间接收益。

3. 奢侈资产

奢侈资产不是生活中所必需的，大部分属于高档消费品，包括珠宝、古董、名人字画、限量奢侈品等。

奢侈资产与个人使用资产的主要区别在于，奢侈资产具有明显高于其本身价值的虚高价值，但这是奢侈资产的特性。是否拥有奢侈资产以及拥有奢侈资产的数量与家庭的经济水平相关。

4. 债权资产

债权资产主要指对外享有债权，能够凭此要求债务人提供金钱和服务的资产。债权资产具有以下三种形式：

（1）在各种存款和贷款活动中，以转让货币使用权的形式形成的债权资产。

（2）在各种商品交换中，以转让商品所有权的形式形成的债权资产。

（3）在其他经济活动中所形成的债权资产。

5. 资产负债

资产负债根据时间的长短，分为长期负债和短期负债。

（1）长期负债指一年以上要偿还的债务，包括贷款、所欠税款、个人债务等。其中，个人债务为各类个人消费借贷和质押贷款。

（2）短期负债指一年之内应偿还的债务，包括信用卡应付款、电话费、租金、房产税、所得税、保险金等。

家庭财务浪费的表现形式

一位朋友的亲戚，暂且称为丙。前些年在远洋货轮上当船员，每出航一次最少需要大半年的时间。每次出航前，他就将存折、存单交给最信任的姑姑代为保管。一次，姑姑发现丙有15万元，却只存了活期，后来丙回家取存折时，姑姑提醒他："这15万元如果一直不用，又不存定期，会损失很多利息的。"丙说想凑够20万元一起去存定期。姑姑就说："这部分钱可以先存定期，再赚到的钱单独再存，千万不要怕麻烦。"

姑姑的话是正确的。我们都希望定期存单的额度能大一些，但钱是一笔一笔赚回来的，不能等到凑够了满意的数额再集中去存。

丙的情况处于资金使用效率的第一个层次，即一大堆活期储蓄放在那里，只有现金的概念，没有收益的概念。

一些人生活中一直节衣缩食，但并未从实质上改变家庭的经济状况。造成这种局面的原因之一可能是他们损失了很多本该获得的利益，在看不到的地方形成了巨大的浪费。也就是说，如果我们不能理解对一个家庭来说什么才是最大的浪费，那么省钱就成了一项表面工程。

下面就来说说造成家庭财务浪费的几种典型现象。

1. 资金没有发挥出最高效率

甲是做金融衍生品的，其大学同学乙有 50 万元的闲置资金竟然存了两年的银行活期。甲在听说了这件事后大吃一惊，惋惜之余赶忙给乙推荐了一只货币基金。希望乙能通过理财，弥补这两年的利息损失，并能够最大限度地发挥这 50 万元的价值。

不要以为这只是极端的财务浪费，生活中确有这样的事例，尤以年轻人居多。

乙买入的货币基金一年收益超过 2 万元，但这仍然存在财务浪费，因为将所有用于投资资金都买入低风险低收益的理财产品，等于主动放弃了一部分收益。因此，可以将资金拆分，通过降低流动性或承担短期风险来提高收益，按照过去 10 ~ 15 年的一个保守型的基金投资组合计算，年化率达到 8% 是有希望的，那么，50 万元本金的收益能有 4 万元。

2. 花费资金所换来的风险不配套

某人今年 30 岁出头，组建家庭已经两年了，有一个可爱的女儿。最近，他给自己和妻子分别购买了重大疾病保险，给孩子也买了意外保险。导致家庭开支陡然增加。

现在，保险可以说已经成了支撑很多家庭财务安全必不可少的工具。但保险也是一个昂贵的金融工具，本质上就是个人与保险公司的一场对赌。因为意外是低概率事件，对赌的结果输的概率很大。所以，必须尽可能节约保险成本，在家庭条件允许的情况下，选择最佳的保险产品。保险买得不足是错误，买多了则是财务浪费所以要适当合理地选择险种。

节流式理财

在我们的周围，不乏一些薪资收入不那么高的年轻人，通过自己的"精打细算"，积累了自己的财富。有的人已近中年，正值奋斗关键时期，却突遭意外，只是因为有足够的财富垫底，便让自己迅速修复了意外的摧残。有的人已步入老年，生病了可以很有底气地去医院求诊，不仅不拖累儿女，还能在经济上帮助儿女。

这些人多少都具有一定的理财意识，很早就开始理财，并经过多年理财历练，掌握了一些实用的理财技巧。

理财的最大作用是教会人们如何利用好开源和节流。在通常的认知中，理财是花钱的行为，只能是开源的，怎么还能节流？

理财的根本特点是，本金越多，可能的获利就越多。本金从哪里来，第一笔用于理财的本金是自己攒出来的，接下来希望自己的本金增长更快的方法，除了理财所得收益以外，还需要自己继续往理财资金中注入本金，这就需要在日常消费时做到节流。可以通过定期储蓄、定量储蓄等强制的储蓄方式或者延迟消费以检验刚需度的方式来减少不必要的开支。

理财需要一个合理的规划。简单来说是选好适合自己的理财产品，以新手小白为例，建议从基金定投做起，根据自己的风险承受能力挑选基金。基金风险从小到大的顺序排列：货币基金<债券基金<指数基金<股

票基金。选好后要坚持投资，因为理财是长期行为，只有坚持才能看到效果。

理财目标要随着人生进入不同阶段而进行相应调整。比如，原本是只打算要一个孩子，后来决定生二胎，家庭有两个孩子后理财目标必须做调整，如孩子的教育金比例要上调，换新车的目标可能要拖后了。

（1）初入社会阶段。将资金的 30% 投资于风险较高，且有长期回报的股票等金融品种；30% 投资于风险较低，且有长期回报的基金等金融品种；20% 选择定期储蓄；10% 建议购买保险；10% 作为活期储蓄。

（2）成家筑巢阶段。将资金的 50% 投资于股票或者成长类基金；35% 用于投资债券和保险类理财产品；15% 留作活期储蓄。

（3）子女教育中年阶段。将资本的 30% 用于投资房产，以获得较长期且稳定的回报；40% 用于投资股票、外汇或期货；20% 用于投资银行定期存款或者债券及保险类理财产品；10% 留作活期储蓄。

（4）子女成年自由阶段。将资本的 50% 用于股票或者同类型的基金（风险投资比例应逐渐减少）；40% 用于定期存款、国债及保险（偏重养老、健康、重大疾病类保险）；10% 用于活期储蓄。

（5）退休老年阶段。将资本的 10% 用于股票或者股票型基金；50% 投资于定期储蓄或者国债；40% 留作活期储蓄（可进行定期短存）。

第八章　制订富足一生的财富计划

很多家庭把理财看成购买某种金融产品，既没有制订合理的理财计划，也没有规划一生的财富计划，这种不严谨的理财态度极容易让我们的投资受损。对于家庭形成期的理财，我们可以重点关注那些收益较大和定期投入的产品，将自己的财富增值线拉满，收获最大的投资回报。

经济周期中的股市

作为家庭形成期的投资者，因为年轻所以具备一定的抵抗风险的能力，也因为事业正处于上升期，未来的收入不出意外会呈现上升趋势。即便是普通的打工者，随着工作技能的越发熟练，在中年之前的阶段，收入也会不断提升。因此，这是人生中最适合做一些风险系数较大的投资的时期，如股票、期货。

机会不是等来的，机会是创造出来的。曾经有这样一句话"有条件要上，没有条件创造条件也要上"，年轻人要有勇攀高峰、不怕失败、顽强奋斗的精神。但我们并没有在单身阶段强调这一点，因为按照人的生命周期来说，特别年轻的时候反而不适合冒险，尤其是刚步入社会，不熟悉社会的规则，此时盲目冒险只会增加失败的概率。虽然说普通人要具有不怕失败的精神，但也不能自找失败。

现在回到本节话题，希望大家记住一句话——"投资是要学会如何应对未来"，如果投资者不能预见未来，就不能穿透市场表象去看到市场的真相。

投资只有以时间作为尺度才更有价值，因为时间反映了经济的周期性，在市场中的事物永远逃不过经济周期规律。经济周期是决定股票价格长期走势的底层因素。推崇价值投资的沃伦·巴菲特曾说："在经济上，经济周期的变化非常重要，并且全球经济越来越表现出较强的联动性，如美国出现次贷危机，几乎全球所有国家和地区都不可避免地被卷入……"

宏观经济周期的变动，影响着全球各种金融市场价值的走势，股价也是其中之一，因此，投资者一定要了解经济周期与金融价值之间的关联性，以减小自己"落坑""踩雷"的概率。如今世界公认的经济周期分为四个阶段：经济复苏阶段、经济繁荣阶段、经济衰退阶段、经济萧条阶段，与股票价格的关系如表 8-1 所示。

表8-1　经济周期与股票价格的关系

经济周期	经济周期 & 股票价格
经济复苏阶段	股票价格逐渐上涨
经济繁荣阶段	股票价格从普涨到迅速上涨
经济衰退阶段	股票价格从缓跌到急跌
经济萧条阶段	股票价格下跌至最低点并长期徘徊

经济衰退阶段分为两个小阶段，即经济滞胀阶段和经济下滑阶段。企业产量随着产品滞销而减少，进而利润减少，经济滞胀开始了。就像人的胃肠生病了消化功能受损一样，现在需要一段恢复期，至于需要多久，根据病情的程度而定。

利润减少对企业股票的直观影响是股息、红利的减少，这时持股的股东们因股票收益不佳和对经济趋势的判断，抛售者开始增多，股票价格从缓跌变成急跌，经济衰退随之开始了。

当经济衰退到经济萧条阶段时，要视经济萧条的程度而论。如果像1929 年那样的全球经济大萧条，那么整个经济近乎瘫痪状态，就会出现大量的企业倒闭，股票市场就会不可避免地发生混乱。但是如果像最近几次的经济危机，全球经济并未瘫痪，只是在危机中挣扎，股票市场仍在正常运转，只是有时绿色连片，红色零星。

经济的不景气会让股市价格跌惨，然后长期在谷底徘徊，没有回升的能力。这个阶段能持续多长时间要看世界对于前期经济过剩的消化时间。1929 年，连擦鞋匠都挤进股市买股票，说明全球经济出现了严重泡沫，挤泡沫的时间就会长一些。但有一点可以肯定，世界经济的大趋势是始终向上的，消化掉了经济过剩后，需求下产生的经济复苏就开始了。

在此要注意：股票价格往往先于经济周期的变化而变化。原因有两点：投资者的需求，虽然实际的股利没有增加，但投资者压抑的投资需求正慢慢显露；政府政策的刺激，各种刺激性经济政策得以实施。

经历过经济衰退和经济萧条生活逐渐回归正常，人们希望创造美好生活的愿望仍旧很强烈，所以继续参与经济活动成为必然。企业开始积极为新一轮的经济增长制订计划，政府也会加大扶持力度，一系列正向信息让投资者对未来又充满了信心，这时一些投资者开始"抄底"，股票市场就会提前复苏，逐渐上涨的股价又会反过来刺激经济的复苏。

经济复苏的后期，商品销量会逐渐恢复，企业又开始给股东派发红利，股市再一次成为有利可图的地方，于是大批股民涌入股市，使经济重新繁荣起来。

经济到达繁荣阶段，预期股利就会增加，企业纷纷筹资扩大规模，利率开始不断提高，投资者对未来充满了信心，这时股票价格、股息、红利都直逼最高点而去。因此，世界经济又开始向新一轮滞胀进发，就像人有一次吃多了导致不消化一样，新一轮"洗牌"在繁荣的尾声拉开了序幕。

本节的标题是"经济周期中的股市"，虽然只是以股市作为讲解参照，但是，经济周期的影响是全方面的，绝不只是股市，因此，人们只要想参与投资就要多关注经济的变化，争取能快一些嗅到市场转变的气味。

投资的目标是企业而非股票

投资股票在许多投资人的思想里就是炒股，他们认为是将股价炒起来，然后赚取差价。有这种想法的人，都是将投资当成了投机。

价值投资之父本杰明·格雷厄姆第一次将富有逻辑的分析原理引入股票投资，就改变了很多投资者只根据直觉和感性认识进行投资的想法，后来又在其所著的《聪明的投资者》一书中清晰阐明了投资与投机的区别。投资是建立在事实与数据分析的基础上，而投机则是建立在突发的念头或主观臆测上。

投资者一定要摒弃"股票价格等同于股票价值"的观念，因为股票的市场价值经常会偏离股票的内在价值，股票的内在价值与股票的市场价格的不一样是股票市场中的一种常态，而股票的内在价值才是股票投资的基础价值。

所以，投资者在购买股票时要关注发行该股票的企业的现实价值，要站在股东的角度来对股票价值进行判断。沃伦·巴菲特对于格雷厄姆"投资的不是股票，而是企业"的选股思维推崇备至，同时他本人也是实际的践行者，"我们感兴趣的并非股票本身，而是企业的潜在价值及其发展前景。要根据一家企业的远景展望进行相应的投资，我们需要的是有才能的投资基金委托人，而非利用财务杠杆收购谋利的股市赌徒"。巴菲特将那些不遵循市场规律和不关注企业前景而投机投资的人称为"赌徒"。

其实，在股票的定义中已经能够看到股票和企业的关系了。股票只是股份公司在筹集资金时向出资人发行的股份凭证，持股人可凭此获得股息和红利，因此，股票更多的是一种信用"工具"，投资者利用股票这个工具去投资企业这个目标。因此，单纯的投资股票和投资发行该股票的企业是不一样的。理性且有统筹性格局的投资者，在选择股票这个工具之前，会尽可能深入地了解股票所代表的企业，包括企业的经营范围、研究方向、财务报告、行业动态、竞争对手、盈利能力、管理水平等，从长远的角度进行分析。综合而言，投资股票就要了解发行股票的企业的业务层面和未来发展优势。

一家企业可能会有很多个业务，但投资者要重点了解的是核心业务——多元化经营的企业或企业集团中具有竞争优势并能带来主要利润收入的业务。

1950年，巴菲特还是哥伦比亚大学的学生，一天，老师格雷厄姆留作业：了解 GEICO 公司（政府雇员保险公司）。于是，巴菲特利用周末时间跑到华盛顿，向该公司营业处主管了解 GEICO 公司的业务运营状况。随后，巴菲特自己购买了该公司的股票，还推荐父亲经纪公司的顾客也购买该公司的股票。一年后，所有买入该公司股票的人都获利颇丰。

时间来到20多年后，GEICO 公司陷入困境，公司股票遭遇抛售，巴菲特却反向操作，大举买入该公司股票。这样的行为很令人好奇，巴菲特这是怎么了？事实上，巴菲特好得很，他并没有像外界认为的那样没有关注 GEICO 公司的财务问题，相反，他对该公司的经营作了深入分析，并且给出了四条可以买入并长期持有该公司股票的原因（见图 8-1）。

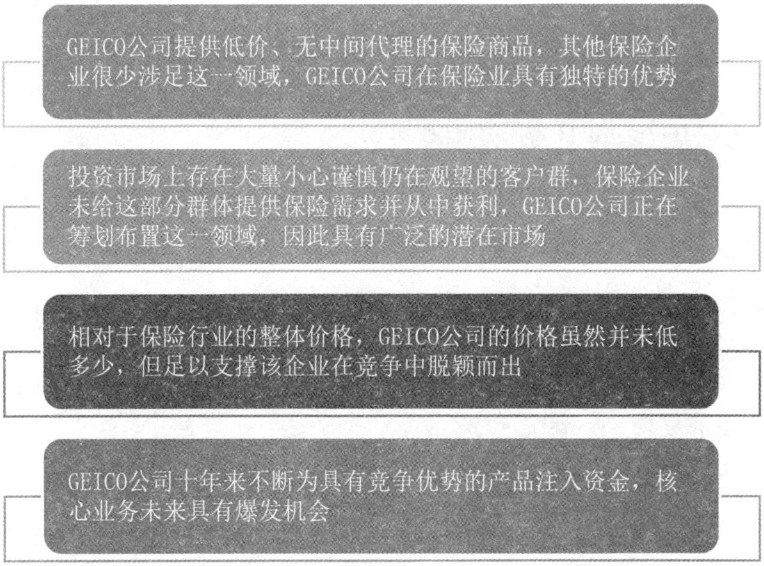

GEICO公司提供低价、无中间代理的保险商品，其他保险企业很少涉足这一领域，GEICO公司在保险业具有独特的优势

投资市场上存在大量小心谨慎仍在观望的客户群，保险企业未给这部分群体提供保险需求并从中获利，GEICO公司正在筹划布置这一领域，因此具有广泛的潜在市场

相对于保险行业的整体价格，GEICO公司的价格虽然并未低多少，但足以支撑该企业在竞争中脱颖而出

GEICO公司十年来不断为具有竞争优势的产品注入资金，核心业务未来具有爆发机会

图8-1　沃伦·巴菲特买入并长期持有GEICO公司股票的原因

对于企业未来发展优势的分析，巴菲特也有自己的理解，核心是品牌化、多元化和战略资源。

（1）企业品牌的延伸。品牌作为无形资产属于企业的核心战略资源，应充分发挥品牌的资源潜能，可以通过在新产品上实现品牌资产转移，再以新产品形象延续品牌寿命。

（2）多元化经营模式。多元化经营模式可以分为相关多元化和非相关多元化两种，相关多元化可以使企业在核心产品的推动下，延期主营业务向下或向上发展，有效地保持企业的竞争优势。无论是相关多元化的经营模式还是非相关多元化的经营模式，都会对企业的战略决策产生重大影响。因此，投资者应及时了解企业的核心业务的相关调整和扩张，以此来判断企业未来发展的平稳性、高效性和增长速度。

（3）丰富的战略资源。企业资源是获得竞争优势的关键条件，表现为企业所具有或控制的资源的数量、质量及运作效率。

长期定投降低亏损概率

基金的投资方式有两种，即单笔投资和定期定额。定期定额投资基金的简称是"基金定投"，是指在固定的时间以固定的金额投资到指定的开放式基金中，类似于银行的零存整取。由于基金定投起点低、方式简单，所以，也被称为"小额投资计划"。

基金定投有"懒人理财"之称，其价值源于华尔街流传的一句话："要在市场中准确地踩点入市，比在空中接住一把飞刀更难。"分批买入法不但有效地规避了投资者对进场时机的主观判断的影响，也克服了只选择一个时点进行买进和卖出的缺陷。定投与股票投资和基金单笔投资追高杀跌相比，风险明显降低了。

在资本市场上，金钱是可以种植的，时间能让金钱开花结果。想在定投上赚钱，只有一个字：等。拉长交易的时间跨度，这样可以用时间的长度抹平市场中的不确定性，让资本在时间的酝酿中慢慢发酵，不断吸收筹码，拉低持仓成本，降低风险。因此，长期定投可以降低市场风险的冲击，也能降低亏损概率。有研究表明，基金定投的时间与投资者亏损比例呈负相关关系，定投时间越长，投资者亏损比例就会越低。

以牛熊市转换为例，在中短线的投资者看来，如果牛市转熊市如同杀猪盘，那么熊市转牛市就是暴富盘，但对于长期投资者来说，无论是高高在上的顶部，还是跌入深渊的底部，都不过是价格区间的一次波动而已，在没有持仓交易的情况下，就相当于坐了一次过山车。因此，定期定额投资不但可以抹平基金净值的高峰和低谷，还可以消除市场的波动性。对于投资者来说只要选择的基金整体有增长，投资人就会获得一个相对平均的收益。

即便了解了基金定投的好处，仍旧有很多投资者还是不能和时间做朋友。基金大数据报告显示，周定投用户平均扣款 6 期，定投时间却只有两个月，其中 80% 的周定投用户不能做到长期投资，他们定投平均十期就停止了。追涨杀跌是破坏定投的首席"杀手"，它将原本的长期定投计划变成了短期投资行为。

相对于单笔投资跟随价格波动的追涨杀跌行力，定投更能从价格波动中获利，而且波动越大，获利越多。为了让定投的价值更为直观，我们举一个相对极端的例子。甲分 4 期定期定额投资每份为 1 元的基金 A。基金 A 的价格波动幅度很大，甲定投的 4 期每份价格分别是 1 元、0.1 元、2 元、1 元，四次定投分别可以买入 2500 份、25000 份、1250 份、2500 份，总共 31250 份，平均成本是每份 0.32 元。当基金 A 的价格回到每份 1 元，甲的收益就达到了 212.5%。如果只是一次性单笔投资，价格买在哪里就是哪个价位了，很难买到比每份 0.32 元还低的价格，获利也将极大减少。

本节最后再次强调，我们都知道复利的威力，那就是只要时间足够长，哪怕是微不足道的收益也会在复利的作用下硕果累累。基金定投的威力主要体现在基金分红后期，继续再投资购买基金份额，让分红继续赚钱，这样就达到复利投资的效果。

定期不定额的智能定投

上节我们讲了基金的定期定额定投，通过分批买入将择时风险转换为获利机会。获利时机是投资的重要因素，但定投法让择时变得不再重要，甚至可以随机选择一个时点开始定投，此后再间隔固定的时间买入固定金额的基金份额。在震荡行情中，同等金额买入的基金份额的数量必定增加，定投结束后，最终总份数必定多于一次性单笔投资买入的基金份额。当行情向好时，定投的利润会跟着狂奔。因此，基金定投可以规避择时风险和平滑价格波动风险。

但定投也并非完全不可以自己择时，定期不定额的智能定投就增加了对时机的选择，在定期定额定投的基础上，改进交易策略。投资者可以根据行情变化选择智能地增减定投额度，即在高位时减少买入的金额和数量，在低位时加大买入的金额和数量。

定期不定额的智能定投更具有灵活性和适应性，操作方式主要有均线偏离法、移动平均成本法和动态市盈率法。

1. 均线偏离法

事先确定每个月的某一天（如每月 12 日）为定投日，根据指定的定投日前一个交易日的收盘价与某条特定均线的偏离程度，来决定当月投资额度的大小。

这种定投思路要求标的基金的均线要有一定的波动幅度，才能以此观察偏离程度，但短期均线波动如果过于频繁，长期均线周期太长，对偏离幅度的判断都会产生影响。通常选择的均线为 30 日均线、60 日均线、90 日均线、120 日均线、180 日均线、250 日均线、500 日均线。

偏离幅度的设置也会有要求，如果偏离幅度设置过低，交易额度就会频繁调整，最终拉高交易成本；偏离幅度设置过高，交易频率将与基金波动反应脱离，达不到预期的效果。偏离幅度通常设定为 ±5%、±10%、±15%、±20%。根据偏离幅度，确定投资数额需要在原来的基础上相应增加或减少同等幅度。

实践证明，在一定的定投期限内（1 ~ 5 年），选取 250 日均线的效果更好，收益率更高，其次是 180 日均线。

2. 移动平均成本法

事先确定每个月的某一天（如每月 12 日）为定投日，根据指定定投日前一个交易日的基金净值与持有成本的偏离程度，来决定当月投资额度的大小。

基金净值与持有成本的偏离数值通常设定为 ±5%、±10%、±15%、±20%，以此确定投资数额是在原来的基础上相应增加或减少同等幅度。

3. 动态市盈率法

事先确定每个月的某一天（如每月 12 日）为定投日，根据指定定投日前一个交易日的指数市盈率所处的历史位置，决定当月投资额度的大小。

动态市盈率数值的相对高低代表了某个指数在历史走势中所处的相对估值的位置，若位于高估区，则说明基金短期被高估的概率大，投资数额应比上期减少；若位于低估区，则说明基金短期被低估的概率小，投资数额应比上期增加；若位于合理区，则说明基金估值正常，投资数额与上期持平。

设定一个"止盈"目标

在资本市场中最尴尬的事是，赚过钱，但没有赚到钱。

在市场中最强大的人不是赚了多少钱，而是能够控制住自己的欲望，将浮盈变成实钱。会买的人是徒弟，会卖的人才是师傅。"明知山有虎，偏向虎山行"的思想不适用于资本市场，预感到了危险就要及时去规避，要做到"君子不立危墙之下"。

如果你是新入资本市场的小白，我会听到一种声音：炒股十买九亏；买基金也赚不到钱；散户就是鱼肉，庄家就是刀俎。你要相信，在资本市场赚钱不是一件容易的事，但也要思考一下那些赚不到钱的人为什么会亏。其实，只要打开他们的交易记录，将买卖点与历史走势作对照就会发现，大部分人都有过盈利，有的人甚至盈利数倍，但是，由于贪婪到了最后总是赚不到钱。

不止盈的根源在于怕卖出后继续涨，那样自己就赚少了。事实上，市场永远是波动的，盈利不会一直存在，总会出现拐点，谁都不知道拐点的具体时间，"再多等等""再多赚点"的想法就是对自己的资金不负责任，贪婪通常会让本该止盈出局的好事变成最后止损出局的坏事，这样的"好事变坏事"在资本市场几乎每天都在上演。

几乎所有投资者都知道"浅套快止损"的道理，也在不断践行着，却不知道"停利不停损，止盈不止损"，也就是不设置止损，只在到达预期盈利时止盈出局。至于兑现利润后再有涨幅也不后悔，那只是投资节奏中下一轮行情的关注点而已。

止盈目标的设定一定要切合实际，且具体化，可以用同期银行定期存款利率、银行理财产品收益率、公允借贷利率等标准作参考。

在投资前设定一个具体的数字，如投资股票后设定账户盈利达到35%或45%，就将股票一次性抛出，兑现利润。这种止盈方法叫作目标盈利法，虽然有些简单粗暴，但很有效。

低买高卖是交易的理想状态，尤其买到的是地板，结果是卖到了天花板，投资利润实现了最大化。但把握绝对的低点和绝对的高点的情况在现实操作中几乎不存在，所以，这就更要求我们设置止盈，止盈的目标也绝不能是预期中的最高点，而应是预期中的次高点或次次高点。

比如，甲买入某只股票，价格为39.45元/股，预期持有半年到一年。甲经过对发行企业的业务层面，尤其是核心业务及未来发展优势的分析，判断该只股票近一年的最高点应该出现在80～85元。甲设定的最高止盈线为70～75元，二级止盈线为60～65元。甲的想法是，待股价抵达二级止盈线后，要深入判断企业经济走势，若有继续上涨的条件，则可持有到最高止盈线；若不具备或不能肯定有继续上涨的可能，就在二级止盈线或二级止盈线与最高止盈线之间卖掉这只股票。

股价按照甲的预期震荡上涨到了59.10元/股，经过对企业财报和业绩的详细分析，甲认为该企业股价可支撑继续上涨，于是继续持有。当股价抵达70.85元/股时，该只股票虽然走出一波大涨趋势，但已经抵达了设定的最高止盈线，甲在72.85元/股时果断清仓出局。后来，这只股票在79.40元/股时开始由牛转熊，当初过70元/股后的大涨又套牢了一些高位跟进者。

当然，止盈不是非要一次性全部卖出所投资金，可以分批卖出，一来可以防止踏空风险，二来能够获得一部分高位利润。

投资人设定一个明确的止盈目标，抓住每次盈利的机会，将账面利润实实在在地落进自己口袋里，切实体会到投资理财给财富增值带来的巨大作用。

第五篇

家庭成长期
——装配"财富调节器"

第九章　科学化管理家庭资产

投资理财不仅要对用于投资的钱进行高效管理，还要对家庭的全部资产都进行科学化管理。任何科学化的东西都是相对详细的工作，从厘清家庭的各项支出，到详细记录各项收支，再到制定理财规划书，让财富在科学的管理中实现"精准开源＋必要节流"，最后将财富增长交给时间。

清算钱花在哪里

不可否认，随着移动支付越发便利化、支付场景的持续拓宽和我国居民消费水平的不断提高，花钱越来越容易了。于是在 2022 开年，各类让自己和他人看了大跌眼镜的年度账单纷至沓来："我怎么花了这么多钱？""钱都花在哪了？"

上海的甲先生单在交通出行这一项支出上就高达 3.5 万元，看过账单后才意识到，大部分的钱都花在了打车上。他有些不太相信自己的眼睛，每次十几元，多则不过几十元的花费，居然累计到了几万元！

北京的乙女士 2021 年将 5 万多元花在了"吃吃喝喝"上，她一边看着账单一边感叹自己不愧是"幸福的吃货"。

深圳的丙女士同样也震惊于自己账单中 15 万元的日常生活费用："我什么时候花了这么多钱？"

广州的丁先生与妻子也在发蒙中，因为账单严重超出了他们一年的开销预算，原本打算攒下来买车的钱竟然被自己的大手大脚消耗掉了。

像他和她这样，对账单感到困惑的用户不在少数，支出数据超出预期，但在花钱的时候没什么感觉。"付款越来越便利，钱变成了一串数字，有时候花完钱自己都没有感觉。"丙女士说。的确，移动支付给消费者带来了更快、更好的消费体验，加速了消费者的决策行为。

正因为支付逐渐"无感化"，更应该管住自己的手，对自己的钱包负责。具有理财意识的人，是不会允许自己辛辛苦苦赚来的钱，稀里糊涂地就花出去的。他们要清楚自己的钱花在哪里了，然后分析出哪些钱是应该花的，哪些钱是没有必要花的。

家庭支出包括生活必备支出（衣、食、住、行、用、医疗、求学等）、随机支出（捐赠、兴趣、娱乐、人情等）和投资费用、保险费用等。即便是生活必需费用，也不是一定可以花的，就像上面提到的甲、乙、丙、丁四个人，在生活必备支出上明显超支了，甲先生的交通费用中打车费占了大部分比例，有些时候应该打车，有些时候没必要打车。

对于清算家庭开支，可以通过四类开支分别计算，包括固定开支、非固定开支、阶段性开支和随机性开支，至于投资费用和保险费用，则可以通过投资收益和亏损进行总结。

1. 清算固定开支

清算固定开支是指一定时期内消费项目或消费金额固定不变且必须花费的支出，可当作最低生活成本，只有扣除这部分开支之后，余下的收入才是真正可随意支配的。这部分开支需要有清晰的支出明细，才能对支出有所控制（见表9-1）。

表9-1　家庭固定开支统计

_____ 月固定支出　　　　　　　　　　　　　　　　　　　　　　单位：元

项目	金额	支付日期
水费		
电费		
燃气费		
电话费		
网费		
房贷		
车贷		
保险费		
定投资金		
应纳税		
合计		

2. 清算非固定开支

清算非固定开支是指一定时期内必须用，但使用金额并不固定的费用，如饮食费用，日常用品费用，衣物饰品费用，教育、培训费，购书、聚餐等文化娱乐费用，健身、医药等医疗保健，其他费用开支，这些费用应根据家庭收入适当安排（见表9-2）。

表9-2　家庭非固定开支统计

_____ 月非固定支出　　　　　　　　　　　　　　　　　　　　　　单位：元

项目	金额	备注
饮食费用		
日常用品费用		
衣物饰品费用		
教育、培训费		

续表

项目	金额	备注
文化娱乐费用		
医疗保健费用		
其他费用		
合计		

3. 清算阶段性开支

清算阶段性开支是指一些并非每月都会消费，或许数月都不会消费，但是在某一阶段需要集中花费，如换季衣物、子女学费、父母医疗费等（见表9-3）。

表9-3　家庭阶段性开支统计

_____ 月阶段性支出　　　　　　　　　　　　　　　　　　　　单位：元

项目	金额	备注
换季衣物		
子女学费		
父母医疗费		
其他费用		
合计		

注：每个月有的阶段性开支项目就记上，没有的项目就画×，多出的表中未列的项目就加进去。

4. 清算随机性开支

清算随机性开支是指不在计划之内，并非必须消费的费用，属于突发性消费或一次性的大笔消费，如购置高档家用电器、珠宝首饰、人情费用等。随机性消费的核心在于随意，会因为家庭经济情况的不同而扩大随机范围，又因为支出数目较大，需有明确的规划，不该花的不能花。因为随机性太大，就不作列表了，消费出现时及时记录即可。

使用记账工具记录收支明细

除了上节讲述的手动记录收入支出外，我们还可以借助记账工具和软件，因为各类 App 工具的功能更为齐全，能方便我们看到每月收入支出的账目明细。

市面上有很多记账软件，如专职的鲨鱼记账、喵喵记账、随手记、口袋记账、青子记账等，还有一些时间规划管理软件中的记账功能，如时光序中的记账应用。下面，简明介绍两款高实用性的记账软件。

1. 鲨鱼记账

登录进入鲨鱼记账软件后，在"明细"界面上可以看到每月的收入与支出数额，点击下面的黄色"+"按钮可以添加每笔收入和支出，另有账单、预算、资产管理、理财知识、购物返现五项功能，其中"预算"选项可以清晰看到本月总花费所剩的额度和各项分类花费所剩的额度（见图9-1、图9-2）。

图9-1　鲨鱼记账页面1

图9-2　鲨鱼记账页面2

说明：图9-2并未对预算进行分类设置，有需要可以自行设置。

在"图标"界面上还可以对每周的支出情况、每月的支出情况和每年的支出情况进行统计，哪一项花费较多（见图9-3、图9-4）。

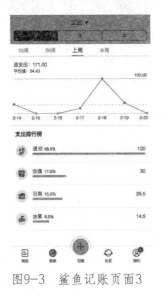

图9-3　鲨鱼记账页面3

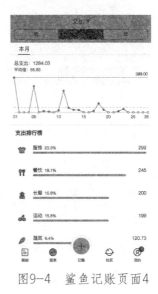

图9-4　鲨鱼记账页面4

总结：鲨鱼记账的操作流程很人性化，记账页面选择类型很丰富，能够涵盖生活中基本的使用场景。选择分类和输入金额也直观清晰，操作简单，其中扁平的设计非常吸引用户，社区氛围有点类似社交产品。

2. 口袋记账

打开口袋记账软件后，在"资产"界面上分为"资产"和"负债"两个选项，分别可以看到各类资产的结余和消费明细（见图9-5、图9-6），类别不够可以点击"＋添加账户"按钮自行添加，然后点击下方的"账单＋"按钮就可以添加每笔收入和支出。右上角有"资产趋势图"按钮可以查看每月的总资产、负债和净资产的消费趋势。

在"报表"界面上有分类、趋势、对比和成员四个选项，可以选择时间段，设置开始时间和结束时间。

图9-5 口袋记账页面1 　　　　　　　　图9-6 口袋记账页面2

　　"分类"是通过环形图反映每月各类消费的百分比；"趋势"是通过折线图反映每月的收入、支出、结余情况，其中"收入""支出""结余"三项可以关闭，也可以开启；"对比"是反映每月各项消费的对比支出情况，可以直观看出某类消费徒增；"成员"是可以同时记录家庭中多个人各自的消费情况（见图9-7、图9-8）。

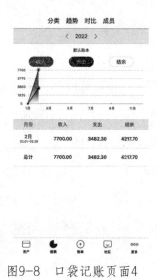

图9-7 口袋记账页面3 　　　　　　　　图9-8 口袋记账页面4

口袋记账的页面都是以时间轴的形式记录，可以更直观地查看每天的消费情况（见图9-9）。账本将每月预算默认设置为3000元（可自行更改），每消费一笔，页面中就会以"月预算"的形式显示，时刻提醒用户节省开支。将每月设置的预算平均到每一天，账本还会以不同颜色提醒用户哪一天开支超出预算（见图9-10）。

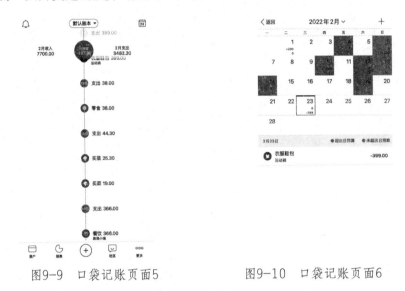

图9-9　口袋记账页面5　　　　　图9-10　口袋记账页面6

总结：口袋记账的功能强大，属于专业记账App。自定义功能很实用，可以从各个维度分析用户的财务数据。

制定家庭资产管控机制

家庭资产管控机制可以更为详细地了解家庭的财务状况，让家庭理财更为科学。家庭资产管控就是家庭财务报表的制定与分析，包括家庭资产负债表、家庭每月收支表和家庭每月现金流量表（见表9-4、表9-5、表

9-6）。

表9-4　家庭资产负债表

（单位：元，%）

家庭资产	金额	占比	家庭负债	金额	占比
流动资产			流动负债		
现金			信用卡欠款		
活期储蓄			小额消费贷款		
其他流动性资产			其他消费性负债		
流动资产合计			流动负债合计		
投资资产			投资性负债		
定期存款			金融投资借款		
外币存款			实业投资借款		
基金投资			合伙投资借款		
债券投资			投资性房产按揭贷款		
股票投资			投资性汽车按揭贷款		
投资性房产			其他投资性资产		
保单现金价值			投资性负债合计		
其他投资性资产			自用性负债		
投资性资产合计			住房按揭贷款		
固定资产			汽车按揭贷款		
自用房产			其他自用性负债		
自用汽车			自用性负债合计		
其他自用性资产			负债合计		
固定资产合计			净值		
资产总计			负债和净值总计		

　　注：以上所列"家庭资产"和"家庭负债"，不是每个家庭都一定会有的，需根据自己家庭实际情况设计表格。

表9-5 家庭每月收支表

_____ 月收支 （单位：元）

收入		支出	
项目	金额	项目	金额
本人薪资收入		房贷支出	
配偶薪资收入		车贷支出	
本人兼职收入		还款支出	
房租收入		生活支出	
投资收入		投资支出	
利息收入		保险支出	
其他收入		其他支出	
总收入		总支出	

注：以上所列"收入"项目和"支出"项目，每个家庭都不一样，需根据自己家庭实际情况设计表格。

表9-6 家庭每月现金流量表

（单位：元，%）

收支项目	金额	百分比
税前工作收入：		
减：所得税与社保费		
等于：税后可支配工作收入		
减：生活支出		
其中：日常开销支出		
房贷开销		
车贷开销		
子女教育开销		
父母养老开销		
医疗费开销		
等于：工作现金流量		
税后投资收入：		

收支项目	金额	百分比
其中：利息/债息/股息收入		
资本利得或损失		
其他投资收入		
其中：租金收入		
房屋租金收入		
建筑器械租金收入		
等于：投资现金流		
经常性净现金流总额		

通过对上述三个表格的数据分析，虽然可以看出家庭财务的实际状况，但是要了解一些关于财务计算的相关概念。

（1）盈余率=（每月收入－每月支出）÷每月支出。该公式可以反映家庭的开支和增加资产的能力。盈余率为负数，说明家庭支出＞收入，财务状况不好；盈余率为很小的正数，说明虽然家庭收入＞支出，但盈余有限。

（2）家庭负债率=家庭总负债÷家庭总资产×100%。该公式可以反映家庭用于偿还债务的支出所占总资产的比例。比例越低，说明家庭的偿债能力越强；反之，则偿债能力越弱。通常认为家庭负债率低于30%为良性负债，高于60%为高危负债。

（3）投资比率=投资资产÷家庭净资产。该公式可以反映家庭空闲资金的使用状况。指标越高，说明资金使用越充分，但是由于投资存在风险性，所以，并非投资比率越高越好。

第十章　提高财务效率，让财富高效运转

建立长期的家庭财务安全规划至关重要。家庭成长期阶段的财务运作，往往关系到家庭未来的财务走势，因为已经没有了单身期和家庭成长期的容错时间，所以，该阶段的财务规划应该考虑到家庭未来一生。规划的建立在于平衡家庭一生的财富分配，合理规划，就可以让你的钱在理财大世界中高效运转，提高财务效率。

不同经济状况，不同理财方式

家庭理财作为一个整体，相对于个人理财来说，就要兼顾到更多的方面，需考虑家庭总的收入和支出状况。家庭不同的经济状况，有不同的理财方式，下面根据不同家庭的经济状况，介绍五种典型的理财方式。

1.事业建立家庭

此类型家庭刚步入成长期不久，生活和事业目前处于建立期阶段，收入会随着事业的发展而增加，未来有更高的期盼度。

此类家庭应不断充实自己，同时拟订好职业生涯计划，确定今后的事业方向，使家庭收入稳步增长。理财可以选择定期存款和基金定投为主，

先积累足够可以做多元化投资的资金。每年最新积攒的储蓄，可以先进行基金定投，或投资股票型基金，来博取较高的预期回报率。再在现有积蓄中保留 3～6 个月支出的费用，其余部分可投资货币基金与记账式国债。

2. 个体经营家庭

因为个体经营的收入不太稳定，尤其是起步阶段，所以，此类家庭理财既要考虑到未来的稳定性，还要规避个体经营者收入不稳定的风险。

在进行理财投资前，可拿出一部分资金留作家庭紧急备用金，此部分资金只用于活期储蓄、短期定存或货币型基金等流动性强且风险低的理财工具。

还要考虑为家庭增加保障，防范家庭收入中断的风险，建议为家庭成员购买一些纯保障型的险种，如重大疾病附加住院医疗险、意外险、定期寿险或定期健康险。为家庭主要收入来源者购买意外及重大疾病医疗保险尤为重要。

做好家庭保障后，可将部分存款根据自己的风险偏好进行资产配置，可以重点关注银行理财产品或基金等投资工具，每年的结余资金还可拿出一部分进行基金定投，为养老做充分准备。

3. 收入稳定家庭

收入稳定且资金较为丰厚，但增长空间已有限。此类家庭可以重点考虑孩子求学和未来就业的问题，同时保持投资占家庭资产一个相当的比例，理财收入就会对于生活变得越来越重要。合理利用财务杠杆，对增加家庭资产的机会至关重要。

持有的投资资产应该多样化，这样有利于分散投资风险，可以尝试债股组合、银行理财产品以及黄金、收藏等投资领域。

在高收益项目上适当出击，以规避高通货膨胀的风险，但是，也要做一些防御性投资。总之，对家庭支出合理规划，对家庭资产合理配置，是此类家庭的理财重点。

4. 高收入家庭

高收入家庭的财产大多集中在房产，还有不少结余的资金。因为对生活质量、子女教育有较高的标准，高收入家庭的开销往往也很高。因此，如何有效地盘活现有资金、如何在退休后仍保持现有的高水准生活质量，是这类家庭普遍关心的两大内容。

因为经济宽裕，高收入家庭首先要想到保险，保险是富裕阶层防止财富意外流逝的必需品。所以，保险费用可以作为家庭投资资金的一个重要流向，可以选择各类适合自己的保险。

同样因为经济宽裕，抵抗风险的能力就会强大，可以根据市场行情，在专家的指导下选择一些收益较高但风险也较高的投资产品。要想在退休后保持相当的生活水平，那么长期坚持一定额度的定投是不错的选择。

5. 三代大家庭

家庭人口多，处于不同年龄段的人会有不同的需求：孩子的教育、父母的医疗、夫妇的生活质量，也就是教育、看病、旅游、交际、换房、买车，都考验着这类家庭的"现金流"。

目标多，就需要做出合理排序，把有限的资金依次用在最恰当合理的地方。对这类家庭来说，首先是考虑子女教育和资本积累，及早地进行基金专项定投至关重要；其次是考虑父母养老，可以购买补充商业养老年金保险；最后是换房、买车等提高生活品质的投入规划。

投资中的禁忌

到家庭成长期阶段，有些人认为自己有了多年的投资理财经验，可以放开手脚大干一场了。其实，那些投资理财中该避讳的禁忌，依然要给予足够的重视。下面总结出投资中的禁忌，大家共思之。

1. 愣

"我混迹股市十多年，见证了无数股民的成败史，成的少，败的太多太多，他们中有太多人对股价的涨跌原理和投资方法一无所知，只是在一场牛市中稀里糊涂地就进场了。"这是一位资深股民的话。话说得虽然很直接，但很真实，很多人不具备理财投资的知识，买卖全凭感觉，就想大展宏图，纵横资本市场。

有的人基本没有对资本市场和投资理财的认知，到处看推荐、抄作业；有的人学了半吊子的技术分析，没有扎实的理论基础，也没有丰富的实践经验；有的人理论都清楚，方法也知道，但无法克服人性的弱点。这些人基本就是资本市场中亏钱的众生相，不懂，还想玩大的；不敢，还想玩险的。

2. 贪

投资失败的另一个根源是贪婪。因为贪婪，我们在利润已经很高的时候仍然不肯止盈，还期望更大的收益，最后，我们失去了本该赚取到的利润；因为贪婪，我们总想着投资那种一本万利的项目，却忘记了现实中几乎没有这样的项目等着我们去投资，那些看似一本万利等着我们投资的项目，几乎都是陷阱；因为贪婪，我们很容易就听信高收益的蛊惑，无论是社会集资，还是网络金融平台，哪里会有轻轻松松就获得高收益的好事呢？

3. 狂

当大牛市来临时可能随便买只股票都会疯涨。但是，没有人认为自己的股票是随便选的，毕竟大家都经过了精挑细选，因此，人们会认为自己能选中大涨的股票是实力所致。新股民往往都在大牛市时跟风入场，自己买的股票连续涨停板，就会觉得自己眼光独到，甚至发现自己拥有过往不知道的才能。他们却忘记了大牛市的行情，在风口上，猪都能飞上天，现在的涨停板不过是运气。如果将运气和实力画等号，未来必然会跌得很惨。一个人的成功，讲究的是天时、地利、人和，只有认清自己的优劣势，才能在资本市场站稳。

4. 蹭

同事理财，我也理财；邻居炒股，我也炒股；亲戚创业，我也创业……理财是广泛的定义，不同投资者、不同产品以及不同时期，理财的实际操作都是不一样的。盲目跟风是理财的一大禁忌。

有的人已经理财好几年了，仍然没有形成自己的理财风格。如果问他想赚多少钱？他的回答总是越多越好。再问他亏多少是止损线？他的回答就是不亏最好。于是有人总结道："这样的人根本不是在理财，是在理财的时代蹭一种理财的感觉。"

5. 乱

很多人做理财，整个体系是混乱的，认为什么火做什么。没有自己的思考和判断能力，喜欢道听途说，更一味相信网络短视频的推荐。投资理财多接收信息是正确的，听别人的话题也是可以的，但是，那些人只是推荐，不是让你直接跟买。只会依赖别人的劳动成果的人，永远都会比别人慢一步，也不会知道"为什么"。

处于基层的个人投资者在过去受困于信息不发达，知道消息慢，因而错过了一些投资机会。现在通信发达，各种信息铺天盖地，再结合相关的资料，分析未来的发展趋势，最后经过自己的深思熟虑后再下决定。

6. 急

理财投资没有捷径可走，只有毅力和坚持。想投机的不如去赌场，那里成功的概率更高。如今的社会什么都想快，十天学会××类的速成书总是卖爆，因为有太多的人急功近利，想赚快钱，于是这些人买基金、炒股票都很难坚持。但是，真正的投资大神都说，能沉住气坚持观望的人，只要把周期拉长，趋势都是向上的。

家人的保险必不可少

某人向银行理财专家咨询是否应该为孩子购买保险？如果需要，应如何为孩子购买保险？他的家庭经济情况如下：他本人月收入 2500 元，妻子是一名幼师，月收入 2000 元；父亲过世，与母亲同住，母亲有退休金，每月约 2000 元；有一个 2 岁的女儿，明年准备上幼儿园；家庭每月生活开销 1800 元左右；有住房，无债务，全部储蓄 4 万元，除女儿外所有人都有医保。

理财专家给出的建议是：因为小孩的自我防护能力以及身体免疫能力都非常低，在这个年龄段疾病和意外事故发生最频繁，因此，应该为孩子购买保险。但是，由于家庭的收入偏低，且储蓄也不太多，不宜投入太多的钱在保险上。所以，可以考虑先为孩子购买健康险和意外险，如果将来家庭收入增加，还可以购买一些教育保险和分红保险。专家同时建议，父母是最应该拥有保障的对象，如果父母遭遇到了意外或不幸，谁来为孩子今后的生活和保费负责呢？所以，在经济条件允许的情况下，应该为家庭的主要经济支柱购买一些意外险和重疾险。

这位专家的建议可以分为三个方面解读：第一，孩子该不该购买保险；第二，家庭条件并不宽裕的情况下如何购买保险，以及对未来的保险规划；第三，也是最重要的一个方面，家庭成员购买保险是否应该有所区分。

家庭成员是一个整体，任何一个成员发生了意外或者重大疾病，都有可能导致家庭的经济状况遭到重创。所以，在资金充足的情况下，建议为家庭成员统一配置保险。但问题是，家庭经济条件不允许的情况下呢？就必须排出顺序，建议首先给家里的经济支柱购买保险，其次是非经济支柱，最后才是老人和孩子。

这个顺序看起来有些残酷，但也是没有办法的选择，不优先保障家庭的经济支柱，家庭抵抗风险的能力会更低。一个家庭的经济支柱得到了保障，等于这个家庭的经济下限得以坚守，只有下限坚守住了才有机会向上冲击。

通常情况下，一个家庭的经济支柱不是上面的"老"，也不是下面的"小"，而是中间的"两位战士"。如果家庭经济状况不足以同时保障夫妻两个人，那就要看谁是最主要赚钱的人，优先保障他（她）。

再看看保障的险种，为应对家庭面临的各种风险，我们配置的保险组合方案需要全方位覆盖这些风险，建议将保障类产品配齐（见表10-1）。

表10-1　保障险种的配置

险种	配置
重疾险	给付一笔钱，用来支付巨额医疗费、收入来源中断带来的经济损失，以及术后恢复等各项支出
寿险	防止家庭经济支柱突然离开，导致的家庭经济崩塌
意外险	保障因意外造成的身故或伤残，一般综合意外险还会包含意外医疗保障，可报销一些因意外导致的小额医疗费用
医疗险	作为国家医保的有效补充，可以应对大额医疗费用支出

这四大险种缺一不可，它们的保障责任构建起了一张完整的家庭风险防护网。需要注意的是，老人和孩子没有必要配置寿险，因为寿险的功能主要是保障被保险人身故的风险，由于老人和孩子没有赚钱能力，所以，身故了并不会带来家庭经济上的损失。

另外，买保险有一定的顺序，先为家庭经济支柱配置疾病与意外保险，确保基础保障到位，再为家庭经济支柱购买寿险。在此基础上，如果预算允许，再考虑教育金保险、养老保险等理财型险种。

保险保障也并非要一次性全搞定，后续如果家庭预算升高，还可适当去提高保额或是查漏补缺，让保障更加完善。

构建合理投资组合

我们都知道收益越大，风险越大。但反过来，风险越大，收益越大是否也成立呢？答案是否定的。因为风险的系数并不影响收益的系数，并不是说只要去冒大的风险，就一定能获得大的收益。同理，收益越小，风险越小也不成立。希望获得一般性收益，但收益背后并不一定就是一般性风险，也可能是极大的风险。只是，因为自己没能判断出来，误认为风险不大。

在投资实践中，没能厘清收益和风险的关系，导致投资失误的情况比比皆是。有人认为，我这次冒了这么大风险，如果成功了，一定会有很大收益。结果真的成功了，但收益并不如预期。也有人认为，自己只希望获得5%的收益即可，所以，也不会有很大的风险。实际风险并不小，提心吊胆地度过风险期后，勉强获得了与所冒风险并不匹配的收益。

但是，还有一种情况就比较受人喜欢了，明明只想冒小风险获得小利益，没想到收获颇丰，所以，风险越小，收益越小也是不成立的。收益与风险之间的关系，需要结合投资理财的实际情况考虑，而不能跳出实际去隔空想象。

哈里·M.马克维茨的关于资产选择理论的分析方法——现代资产组合理论，就对收益和风险的关系做了正向和反向两种考虑，投资者在做投资组合时要依据以下两点原则：

（1）在风险一定的条件下，保证组合收益的最大化。

（2）在一定的收益条件下，保证组合风险的最小化。

在家庭成长期阶段，因为生活压力越来越大，不能像单身期阶段和家庭形成期阶段那样只考虑或多考虑收益，也不能像临近退休阶段和已经退休阶段那样多考虑或只考虑风险，而是要将收益和风险统筹考虑，在现在和未来的家庭成熟期，通过合理规划投资组合的方式降低投资风险，以及对投资中的系统风险进行对冲。

根据上述两点原则，投资者在选择投资品种前，要进行投资分析，预测产品的价格走势和波动情况，确定投资时机。现代资产组合理论涉及有效的投资组合和多样化概念，可以总结为投资组合构建的 6 个步骤（见图 10-1）。

第6步　投资者可在不同投资管理风格之间进行分散

第5步　利用哈里·M.马克维茨投资理论实现最优化

第4步　建立并确定最优风险资产组合

第3步　需要界定适合选择的投资品种范围

第2步　求出各种资产类型潜在回报率的期望值及其承担的风险

第1步　根据经济周期，对比相同类型资产里面的不同行业现状

图10-1　投资组合构建的6个步骤

说明：（1）第4步具体流程为：投资者确定适合自己的投资品种范围（如股票）→获取准备投资的股票数据（如选10只股票）→根据"均值-方差"投资组合理论，分析10只股票的收益率和波动率→生成大量随机风险组合（从中发现夏普比率较高的随机组合）→计算有效边界，画出资本市场线（资本市场线与有效边界相切的点即为最优风险资产组合所在的点）。

（2）第6步详细解释：投资管理风格分为主动型和被动型。主动型管理风格的目标是通过证券的选择和投资时间的选择来获得超过一个特定的指数或者是业绩比较标准的回报；被动型投资不期望通过积极的投资组合管理来获得超过市场的回报。

个人资产配置的方案必须适合当前情况，并随着实际情况的变化不断做出调整。下面是某位投资者的资产分配情况。

第 1 部分，30% 的钱用来随取保值。选择银行理财（要留一部分活期随取）、货币基金理财（余额宝、余利宝等），这两项年化收益率都在 5% 以下。

第 2 部分，40% 的钱用来稳定增值。选择近几年表现好的基金和固定收益类理财产品，这两项中前者的年化收益率在 6% 以上，后者的年化收益率在 8%～10%。

第 3 部分，20% 的钱用来风险投资。选择两只目前价值被低估的股票长期持有，待行情好的时候炒短线。还有一点外汇，但预计 2022 年不会加仓。

第 4 部分，10% 的钱用来配置保险。保险最应该保障的是家庭主要收入来源，所以，该投资者目前只给自己配置了保险，后期还需要为父母购买养老保险。

第六篇

家庭成熟期
——开启财富传送带

第十一章　家庭财富积累的黄金时期

凡是需要一定时间长度来完成的事情，其间，都会因各种因素而影响完成的效率，但是，也总能找出某一段时间是最高效的。对于投资理财来说，家庭成熟期就是财富积累的黄金时期，这一阶段通常是家庭收入最为丰厚的时期，需要对家庭财富作出合理科学的管理规划。

掌握家庭财务状况是否健康

如今，很多人已经认识到了身体健康的重要性，养成了定期体检和日常保健的习惯。但个人和家庭的财务健康状况仍然未受到太多重视，很多人并不觉得自己的财务有问题，这些人认为每个月赚的钱够花，还能存下一些，就可以了。有这种想法的人就如同别人跑5千米毫不费力，你跑2千米就累得不行，但还认为自己身体健康方面没有什么问题。"亚健康"是看起来身体状况没什么问题，但已经存在了潜在问题，若不及时恢复，就可能引起大的健康问题。现在有太多人已经感受到了亚健康对人的危害，努力调节身心健康，避免亚健康对自己的身体健康进一步侵蚀成为许多人的共识。

财务状况也同样存在亚健康的问题。处于亚健康状态的财务状况是你迈向财务自由的巨大阻碍。有些亚健康状况比较隐秘，如每月不必要的多余花费；有些亚健康状况则很明显，如高额的还贷压力。无论是隐秘的，还是明显的，若不及时做好应对措施，都有可能在某一日酿成财务危机。

财务亚健康的高发人群分为：①存钱族，只知存钱，不知理财；②穷忙族，有空赚钱，没空理财；③月光族，爱花钱，高消费，没有理财意识；④抵触族，不相信甚至反感理财；⑤追高族，认同理财，但不懂理财，不顾风险，盲目追高。

一个人或者一个家庭是否已经出现财务亚健康状况或正在步入财务亚健康，可以通过以下所列举的方面判断：

（1）从不评估自己的财务状况。

（2）房产占据了目前所拥有的资产比例的80%以上。

（3）每月的还款额占据总收入的一半以上。

（4）没有购买任何偏保障性的保险产品。

（5）每月总支出占总收入的2/3以上。

（6）经常使用信用卡透支消费。

（7）大部分资金用于定期甚至活期存款。

（8）大部分资金用于风险性投资。

统计以上8点与自己家庭的实际情况相符的选项，符合1~2项，表明家庭财务状况游离于亚健康外围；符合3~4项，表明家庭财务状况为"轻度亚健康"；符合5~6项，表明家庭财务状况为"中度亚健康"；符合7~8项，表明家庭财务状况为"重度亚健康"。

为财务状况号脉后，不能只得到一个结果就结束了。如果不去治疗，亚健康迟早会变成重大疾病，到时候再想救治就为时已晚了。我们给出以下 5 点"治疗"意见,希望已经出现财务亚健康状况的朋友能认真实践。

(1)节流为本。目前财务已经亚健康了,为了能够应对未来更多的危机,节流是十分必要的,可以通过记账的方法来控制自己的消费欲望,减少不必要支出。

(2)强制储蓄。给自己设定一个储蓄场景(如去银行办理某类理财业务),保证每月都有一定数额的资金留存,可以有效地积累财富。

(3)保险托底。如果可随时支配的流动资金不足,当出现重大疾病或意外变故时,就会给财务造成严重的负担,因此,需要保险帮我们转移部分风险,以保护自己的财富。

(4)调整结构。在进行投资理财前,先了解自己的风险承受能力,以选择合适的产品和投资金额,并能合理预期收益。

(5)提升收入。利用空闲时间和碎片时间为自己"充电",为自己未来能进一步增加收入作充分的准备。

子女教育资金与养老资金的均衡

对于一些收入不高的家庭来说,子女的教育资金可能会和自己的养老资金发生冲突,因为子女教育花费最大的阶段正好是夫妻筹划养老的开始(或许更早),再加上还有双方父母的赡养问题。上有老下有小的人生阶段最考验家庭的财务实力,若暂时不考虑双方父母的养老问题(因为存在去世、常年卧床等不确定性因素,难以做出考量),就仅是子女的教育基金和自己的养老两项,若不进行有效规划,就会顾此失彼。

下面来看一位单亲妈妈对于这个问题的咨询,我们来为她策划一下。

本人 40 岁出头，在北方一座四线城市的单位工作，月薪 4200 元，有一个 15 岁的男孩。现在小孩正在读初中，每年的学费和生活费约 20000 元，每月会给父母 500 元养老金，我和孩子每月生活支出 1000 元。

本人购买了 20 万元保额的重大疾病医疗保险（年交保费 6000 元，已交费 5 年，共需交 20 年）。为孩子买了 52 000 元分红型保险（十年期）。

现在，我和孩子住 68 平方米的棚改房里，还有一间 26 平方米的商铺（无贷款），但因商铺所在的地段差，商铺的年租金仅 10000 元。现有存款 8 万元，基金市值 2 万元。

我有以下几点考虑：

（1）孩子开学进入初三，接下来读高中、大学，将要一大笔学习费用。

（2）我是否要为自己的养老金做准备（好像现在不是好时机）？

（3）我很想买一套新房，一是家离单位距离太远，每天坐公交车来回将近三个小时；二是孩子大了，需要个人空间。

我该如何理财？侧重点是什么呢？

作为单亲妈妈，经济收入并不宽裕，随着孩子成长，花销会越来越大，家庭的合理需求也会不断增多（自己的养老、父母的养老、住房需要改善等）。在这个时间段未雨绸缪说实话有些晚，但鉴于家庭实际情况，已经很难做出更好的时间段选择了，理财金句"当下就是最好的时候"。

这位责任感极强的母亲，现在面临孩子教育资金、自己养老资金和住房改善资金三个方面的需求，理财方面的建议如下：

（1）随着社会和家庭对子女教育愈加重视，致使子女教育费用支出占家庭总支出的比重越来越大，一些家庭子女教育支出已经超出家庭收入的 1/3。但对于尚在初中就读的学生来说，一年学费和生活费达到 20000 元是不太合理的，这方面的支出可以进行调整和规划。建议将调整后的差额作为孩子的教育基金。目前一些教育保险兼具投资与保障功能，既可累积获利，又可避免因理财收入不佳而无法达到目标的情况。

（2）虽然现阶段家庭负担较重，但不能不做养老计划，因此，建议考虑购买一定金额的养老险，同时在投资方面做一些长线投入，多进行复利性投资。

（3）目前家庭房产占据家庭资产的大部分比例，但商铺由于地段不佳，不能过于期待商铺的市场升值。因为要同时兼顾教育资金和养老资金的准备，一定时间段内想要买新房是不现实的，但可以考虑将商铺卖掉，然后，将资金投入购买新房中，但要量力而行，尽量不要贷款。

（4）银行存款的作用是确保有较充足的紧急备用现金，但也可从中拿出一部分进行稳健型的基金理财。

不惑之年，仍能打造黄金人生

苏州的甲女士今年52岁，已退休，退休金3650元/月，银行有50万元存款。"我没做过生意，之前也没有投资理财的想法，就是将钱存进银行拿定期利息。现在退休了，时间充裕了，想学学理财方面的知识，也想利用这笔钱进行理财来增加收益。但因为没有过理财经验，也担心好不容易攒下来的钱遭受损失，请问有什么好的理财方案吗？"

对于已经不惑之年的人来说，风险承担能力在下降，自动攒钱的能力也开始走下坡路，此阶段的投资策略应偏向保守型和稳健型。

有人会问："不对呀，家庭成熟期不是财富积累的黄金时期吗？怎么说攒钱能力开始走下坡路呢？"

家庭财富积累的黄金时期是有多方面的：①该阶段为家庭赚钱的人数增加了，子女普遍开始了工作；②家庭花费在减少，子女教育费、居住条件改善、车辆购置等费用都已消费过了；③如果家庭保障全面，意外和重大疾病等状况不会伤害到家庭财富。

因此，家庭成熟期阶段是指以夫妻二人为主＋子女构建的财富收入体系让整个家的财富达到峰值。但是，针对已经步入不惑之年的个体而言，一生中赚钱最多的阶段已经过去或者正在过去（大部分人），赚钱能力的下降，意味着承担风险的能力和积累财富的能力都在下降，因此，这个阶段的个体需要逐步降低投资风险，为已退休或准备退休积累安全稳定的财富。

针对苏州甲女士的理财建议是："6—2—2"保守资产配置方案。

1.资产的60%——30万元用于低风险稳定收益类

（1）存款系列。存款系列包括银行的大额存单、固定收益类理财产品、结构性存款、智能存款。其中，大额存单为20万元起存，均值在3.25%左右；中小民营银行的智能存款收益会高一些，可以达到5%或以上，起存为1万元到5万元。额外说一句：在一家银行存50万元以内的额度，即使银行破产都有银保公司承担，这是银保监会规定的。

（2）国债、金融债券、信托、银行理财系列。对于国债老一辈比较熟悉，利率一般但足够安全；信托利率高一些，某些年化收益率在6% ~ 7%，但风险也比国债高；银行理财产品目前利率下行。所以，对比过后推荐购买国债。

2.资产的20%——10万元用于股票、基金投资

（1）股市。一国的证券市场需要配合其国家的经济发展速度，中国的A股市场从整体价值范围来看，目前尚属于价值低谷市场，未来发展仍有

很大潜力。散户股民要选择在相对低点长期持有，行情平淡时享受分红收益，行情好时享受价值增长，建议投资一些银行、券商、大型国企、优质资产股票。

（2）基金。建议选择基金定投方式。初期先从货币基金入手，逐步到债券基金、指数基金、混合基金、股票基金。选好基金品种，做好定投周期，设定好止盈线。定投基金要看长线，通常为1～3年。

3.资产的20%——10万元作为灵活与应急钱

考虑到年龄在增大，预留的活钱应该多一些，如预留一年的生活费灵活使用，同时作为应急用款。余下的部分放在货币基金等活期理财产品中，以流动性为主，比活期利率高点就行。

第十二章　具有更成熟的理财能力

家庭成熟期是一个家庭经济收入处于最稳定的时期，经过多年的理财实践，财富在有规划地增长。此时，应该以更加理性的心态面对投资理财，以更为成熟的理财能力将资金用在最有价值的投资场景中，让投资收益以最大化或接近最大化的形式快速积累。

分散投资中的风险性与时间性

分散投资有两项核心因素——风险和时间。但很多投资者在进行资产配置时，通常只注重风险因素，而忽略了时间因素。

我们都知道"不要把所有鸡蛋放在同一个篮子里"的道理，其实，这只是前半句话，还有后半句"也不要放在太多的篮子里"。很多投资者只记住了前半句，却忘记了后半句，就片面地认为资金越分散越好。

哈里·M.马克维茨对于资金分散的程度有三点告诫。

（1）资金过于分散将导致投资时间的浪费。因为投资选择得太多，前期就要花费更多的时间去关注市场、关注价格变化、关注未来趋势。所谓"双拳难敌四手"，经验和能力再强悍的投资者也需要保证投资时间，有效利用时间才能有效产出收益。

（2）资金过于分散将导致投资过程的疲惫。因为投资选择得太多，就会在投资过程中投入更多精力，但由于每个投资选择所分到的时间投入并不多，因此，每个投资选择并不能做到"精选择、精分析、精判断"，由此一来，反而增加了操作错误的风险。有位投资者在最高峰时曾同时持股42只，再加上基金、债券，每天忙到像陀螺一样，终有一日这位投资者发出感慨："好汉架不住股多！"

（3）资金分散不等于风险分散。如果投资的资金是分散到同一个风险层面上，如将买1只垃圾股票的资金分散到了3只垃圾股票上，那么，其本身的风险也并未降低。

哈里·M.马克维茨的三点告诫可以总结为一句话：风险是否分散，取决于产品的波动率及各产品之间的相关系数。

分散投资是正确的，但投资者不要认为分散投资就一定能分散风险，还要考虑分散投资中的"波动风险"。例如，股票型或债券型基金，净值会随着时间变化，还会经常围绕着平均报酬率出现上下波动。

波动性是金融资产在一定时间段的变化性，会有波峰和波谷，相邻的一组波峰和波谷之间也存在着一定的时间差。波峰到波谷的垂直距离是空间维度，就是波动幅度；波峰到波谷的水平距离是时间维度，就是时间跨度。

波动性经常被用于判断走势中，幅度越大，跨度越小的时候，走势的波动率就越高；反之，幅度越小，跨度越大的时候，走势的波动率就越低。由此可以得出：金融资产价格的波动率越高，资产收益率的不确定性就会越强；金融资产价格的波动率越低，资产收益率的确定性就会越强。

为了降低资产随着市场整体波动的影响程度，需要将资产进行良性混合，这种配合就是资产配置。假设两组股票的上下起伏是没有关联的，即"相关系数为零"，因此，涨跌也是相互独立的。虽然两组股票存在同涨同跌的情况，但是因为相互没有关联性，涨跌就不存在带动关系，涨跌的幅度和震荡的频率也不同，一组的涨跌不会影响到另一组的收益。

但一定会有人问：如果二者涨跌独立，那么报酬会不会互相抵销？

其实，波动是平均值的上下波动，即平均值的离差和。如果波动相互抵销后，所得到的就是稳定的平均值，即平均报酬率。当两种不关联的资产相互配置后，平均报酬率是不会发生改变的，只是标准偏差（风险）会变小。

总而言之，在投资组合中配置两个相互关系较高的产品并不是投资多样性，等于是在放大风险；反而是配置两个相互关系较低甚至没有关系的产品，才能得到投资多样性的好处，提高组合的抗波动力。合理的资产配置就是寻找互不相关、多元化的资产，让各种资产的表现不同。

放大收益率的首选：夏普比率

夏普比率又称为"夏普指数"，是基金绩效评价标准化指标。夏普比率在现代投资理论的研究表明，风险的大小在决定资产配置组合的表现上具有基础性的作用。风险调整后的收益率是一个可以同时对收益与风险都加以考虑的综合性指标，长期能够排除风险因素对绩效评估的不利影响。

投资者在投资中的常规心理是：投资标的的预期报酬越高，投资者所能忍受的波动风险就越高；反之，预期报酬越低，波动风险也越低（见图12-1）。

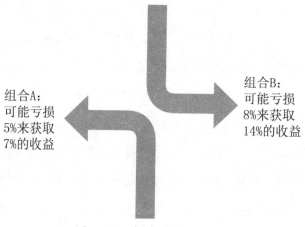

组合A:
可能亏损
5%来获取
7%的收益

组合B:
可能亏损
8%来获取
14%的收益

图12-1　投资风险与报酬

　　你作为投资者，在面对图 12-1 的投资场景时，要如何选择呢？如果你是一名保守型投资者，就可能倾向于选择组合 A；如果你是一名积极型投资者，就可能倾向于选择组合 B。虽然组合 B 的潜在亏损率大，但潜在收益率更大，投资者通过多承担 3% 的风险，就有机会多获取 7% 的收益，即便是保守型投资者也不会视而不见。毕竟投资就是为了获得更多的收益，现在有通过承担相对小的风险获得相对大的收益的机会，绝对值得投资者考虑。如果将风险和收益的比例调换一下，通过多承担 7% 的风险来多获取 3% 的收益，别说保守型投资者不会考虑，就连积极型投资者恐怕也不会考虑了。这就说明，投资者不能只注重风险因素而忽略受益因素，这样可能错过市场中的最优投资组合。

　　所以，理性投资人选择投资标的与投资组合的主要目的是：在固定的能承受的风险下，追求最大的报酬；或在固定的预期报酬下，追求最低的风险。

　　夏普比率是一个可以同时对收益与风险加以综合考虑的三大经典指标之一（另外两个为雷诺指数和詹森指数），具体公式如下：

$$SharpeRatio=\frac{E（Rp）-Rf}{\sigma p}$$

其中，$E（Rp）$是投资组合预期年化报酬率；Rf是年化无风险利率；σp是投资组合年化报酬率的标准差。

夏普比率的目的是计算投资组合每承受一单位总风险，会产生多少的超额报酬。只有在投资组合内的资产皆为风险性资产时，才适用夏普比率。

夏普指数代表投资人每多承担一分风险，可以拿到几分超额报酬；若值大于1，则代表基金报酬率高过波动风险；若值小于1，则代表基金操作风险大过报酬率。这样每个投资组合都可以计算其夏普比率，即投资回报与多冒风险的比例，这个比例数值越高，说明该投资组合就越优质。

例如，国债的回报率是3%，投资者甲的投资组合的预期回报率是15%，标准偏差是6%，那么，其超出无风险投资的回报率是12%（15% - 3%），再用12%÷6%=2，代表投资者甲风险每增长1%，换来的多余收益是2。

可见，夏普比率判断的就是冒一定风险获取一定收益到底值不值。一些人在了解了夏普比率后，产生了依赖心理，以为找到了一项投资制胜的法宝，却不知夏普比率并非万能，夏普比率也存在不足，投资者在使用夏普比率时需要注意以下四个方面：

（1）夏普比率没有基准点，因此其大小本身没有意义，只有在与其他组合的比较中才有价值。

（2）夏普比率是线性的，但风险与收益之间的变换并不是线性的，因此，夏普比率在对标准差较大的产品的绩效衡量上存在偏差。

（3）夏普比率未考虑组合之间的相关性，若纯粹依据夏普比例的大小来构建组合同样存在风险。

（4）夏普比率也存在稳定性的问题，计算的结果与时间跨度和收益计算的时间间隔选取有关。

多方对比选择合适的投资产品

上一节讲述的夏普比率告诉我们，投资时既要比较收益，也要比较风险。收益率和风险是相伴而生，投资者必须考虑收益和风险与自身投资目标的匹配，还要通过多方对比，来衡量出预备投资产品的风险与回报比例（见表12-1）。

表12-1　预投基金产品数据1

基金种类	年复合回报率%
基金A	14.15
基金B	15.17
基金C	15.20
基金D	79.17
基金E	2.78

如果单纯地从表 12-1 给出的年复合回报率看，基金 D 充满了吸引力，回报率是如此之高；基金 E 则应该立刻被踢出，因为回报率太低了。如果投资都是这样简单地就可以找到高收益产品就好了，大家都能赚到钱了。但我们都知道现实绝对不是这样的，数据的背后一定还掩盖着另一个真相——未知的风险。

结合夏普比率，假设年化无风险利率为3%，我们进一步列出以上5只基金的回报率波动性（投资组合年化报酬率的标准差）和夏普比率估值（见表12-2）。

表12-2 预投基金产品数据2

基金种类	年复合回报率%	回报率波动性%	夏普比率（≈）
基金A	14.15	5.94	1.9
基金B	15.17	12.30	1.0
基金C	15.20	4.53	2.7
基金D	79.17	49.83	1.5
基金E	2.78	12.21	<0

通过表12-2可以看出，虽然基金D的年复合回报率高，但回报率波动性也很大，导致夏普比率并不高，只有1.5，在这5只基金中排名第三。而夏普比率排名最高的却是基金C，基金C的年复合回报率并不突出，但因为回报率波动性最低，因此得出的夏普比率远高于其他几只基金。

在两只基金的年复合回报率相差5倍有余的情况下，因为基金C的回报波动率只有基金D的1/10，投资者投资1元基金D和投资10元基金C的风险系数差不多，但是，因为投资基金C的数额高，所以，获得的总回报也更高。

那么，是不是就可以投资基金C了呢？当然不是。对于其他几只基金也要给予足够的尊重，继续用其他方面进行对比，尤其是衡量风险时必须考虑的"历史最大跌幅"，即各基金历史上从最高点回落的最大比例（见表12-3）。

表12-3 预投基金产品数据3

基金种类	年复合回报率%	回报率波动性%	夏普比率（≈）	历史最大跌幅%（发生时间）
基金A	14.15	5.94	1.9	-5.62（2002年）
基金B	15.17	12.30	1.0	-18.14（2008年）
基金C	15.20	4.53	2.7	-7.58（2008年）
基金D	79.17	49.83	1.5	-28.66（2007—2008年）
基金E	2.78	12.21	<0	-53.89（2007—2009年）

通过表 12-3 可以看出，基金 A 的历史最大跌幅发生在 2002 年，竟然在 2007—2008 年的剧烈下跌中避免了重大损失，说明其操盘水平很不错，很有吸引力。基金 C 的历史最大跌幅发生在次贷危机引发的国际金融危机时期，但跌幅只有 7.58%，表现相当出色，同样具有吸引力。基金 D 在国际金融危机爆发阶段跌幅最大，但因为在其他时期表现优异，所以，其年复合回报率最高。基金 B 的表现是常规的，危机爆发时大跌，平时的时候也跟着赚，吸引力一般。基金 E 就有些惨了，在危机阶段直接腰斩，令投资者对其失去了信心。

综上所述，基金 A 和基金 C 属于稳健型，赔得少，赚得稳；基金 D 属于激进型，赔得多，赚得也多；基金 B 属于无特色型，赔不了多少，也赚不着多少；基金 E 属于无价值型，赔得多，赚得少。因此，上述 5 只基金，可以选择的就是基金 A、基金 C 和基金 D。

作为投资者，如果个人也是稳健型的，就可以选择基金 A 和基金 C；如果个人是积极型的，就可以选择基金 D。具体的选择，仍然以风险为衡量指标，如果现在全球经济走势和国内经济形势比较稳定，稳健型投资者就可以多考虑基金 C，因为在不发生经济危机的情况下，基金 C 的收益率更高；如果可能存在较大的经济风险，稳健型投资者就可以选择基金 A，因为其躲避大规模普跌的能力较强；同样地，当积极型投资者在经济形势向好时，可以选择基金 D，因为其收益突出；如果经济形势走弱，则可暂时回避基金 D，选择更为稳健的投资产品，以规避风险。

但是，以数据预测投资并不存在绝对的正确性，希望投资者能够保持理性的分析和敏锐的经济嗅觉，提早规避风险。

量化投资的选股应用

量化投资是投资者基于对市场的理解，提炼出能够产生长期稳定超额收益的投资理念。量化投资借助现代计算机系统强大的信息处理能力，在全市场 360° 寻找投资机会，同时在全市场挑选出符合标准的股票，并通过对收益、风险的优化，构建出最优股票组合。

量化投资需要综合考虑资产的鉴别，如个股选择、行业配置以及资产配置等；还要综合考虑交易的风险，如风险与收益之间的平衡性等因素，不断地从历史中挖掘重复的历史规律，并加以利用。量化投资具有四个"保证"优势。

（1）保证投资决策科学性：通过科学理性地统计研究和实证分析，使投资决策行为中由于人类的共性偏差、人为失误、非理性主观因素等原因产生的投资风险降到最低。

（2）保证资源配置高效性：量化模型能快速分析处理大量的统计数据及信息，将投资者从繁杂的数据处理和盈利预测中解脱出来，这样投资者就有时间关注数据以外的重要信息。

（3）保证投资业绩稳定性：量化模型根据市场环境的变化，在多重动态优化过程中兼顾各种不同风格类型的股票，使投资组合在市场周期的不同阶段均能获得较为稳定的收益。

（4）保证投资概率分散性：量化投资是依靠筛选出的股票组合获益，而非依靠一只或几只股票获益，因此有助于对冲市场风险。

量化投资在证券投资中最常用的是选择股票，选股方法有多因子选股、行业轮动选股、风格轮动选股、动量反转选股等，下面重点介绍前两种。

1. 多因子选股

通过寻找各类能够获取超额收益的 Alpha 因子，并将多个因子组成具有一定投资逻辑或统计学意义的多因子模型，能满足这些因子的股票则买入，不满足的不买入或卖出。

多因子选股有两种判断方法——打分法和回归法。

（1）投资者根据各个因子值的大小对股票进行打分，然后，按照一定的权重加权得到一个总分，再根据总分对股票进行筛选。

（2）投资者用股票过去的预期年化收益率对多因子进行回归，得到一个回归方程，再将最新的因子值代入回归方程，得到一个对未来股票预期年化收益的预判，最后再以此预判为依据进行选股。

多因子选股模型的建立过程分为五个步骤。

第 1 步，选取候选因子。投资者结合自己的理解和经验，选择相关候选因子，例如，一些基本面指标（PB、PE、增长率等）、一些技术面指标（动量、换手率、波动等）或一些其他指标（预期收益增长、宏观经济变量等）。

第 2 步，检验候选因子。投资者选取任意一个候选因子，在模型形成的第一个月初开始，计算市场中每只正常交易股票的该因子的大小，按从小到大的顺序对样本股票进行排序，并平均分为 N 个组合，一直持有到月末。下一个月初重复同样的方法，重新构建 N 个组合并持有到月末。每月如此，一直重复到模型形成期末。

第 3 步，剔除冗余因子。只保留同类因子中收益最好、区分度最高的因子。分为四个流程：①先对不同因子下的多个组合进行打分，分值与该组合在整个模型形成的收益相关，收益越大，分值越高；②按月计算个股不同因子的得分相关性矩阵；③计算整个样本期内相关性矩阵的平均值；④设定得分相关性阈值，将得分相关性的平均值矩阵中，大于该阈值的元素与其所对应的因子作为冗余因子进行剔除。

第4步，建立评分模型。从模型运行期的某个时间节点起，计算市场中正常交易的个股的每个因子的最新得分，并按照所定权重求得所有因子的平均分。投资者根据模型所得出的综合平均分再对股票进行排序，选择排名靠前的股票。

第5步，模型的改进。随着市场环境的变化，一些因子可能短期内失效，一些以前无效的因子可能又开始有效，因此，在模型使用过程中应对选用的因子做持续的再评价和不断的改进，以适应变化的市场环境。

2. 行业轮动选股

在一个完整的经济周期中，有些是先导行业，有些是跟随行业，先导行业和跟随行业遵循了先后配合的时间顺序。行业轮动选股的本质就是研究一个经济周期中的行业轮动顺序，从而在轮动开始前进行配置，在轮动结束后调整。

行业轮动选股分为四个步骤。

第1步，熟悉宏观经济周期对行业配置的指导。资产价格受内在价值影响，内在价值随宏观经济因素变化而波动，投资者需要关注宏观经济周期下行业的具体市场表现。一般情况下，周期性行业在扩张性货币政策时期表现较好，非周期性行业在紧缩性环境下表现较好。

第2步，了解货币政策周期的划分标准。以货币供应量的变化来判断货币政策周期，M2（广义的货币）反映社会总需求的变化和未来通货膨胀的压力，M2同比增速则可以反映流通中的货币供应量变化，因此，可以用M2来判断货币政策或货币供应处于扩张周期还是紧缩周期。

第 3 步，讲行业分类。投资者可选取沪深 300 指数作为市场组合，利用 CAPM（资本资产定价模型）计算行业的 Beta 值和均值方差，再利用 Beta 值对行业的周期性和非周期性进行区分。

第 4 步，建立数据与轮动策略。投资者应注意信息是否同步，需要考虑 M2 的披露时间以及信息的传导时间，随后再寻找投资组合的构建策略。如在货币政策处于扩张时，等权重配置周期性行业；在货币政策处于紧缩时，等权重配置非周期性行业。

两种交易信念

沃伦·巴菲特告诫我们："不要做别人，要做你自己。听从自己内心的召唤，寻找自己独一无二的理念，引领自己的一生。"

何为内心的召唤？巴菲特总结为：交易信念。

资本市场的运转常态就是变化，变化中又潜藏着危险，但也带来了机会。若没有交易信念，就没有办法分辨变化，更不可能去拥抱变化。

交易信念会让投资者同时产生警戒和希望，在市场向好时，交易信念会警告投资者不能贪婪；在市场向衰时，交易信念会鼓励投资者相信自己；在投资者兴奋时，交易信念会强制让投资者冷静下来；在投资者恐惧时，交易信念会帮助投资者重新站起来。

因此，拥有交易信念的投资者，会让交易更有定力，从选中的交易时机杀入，再到从设定好的止盈线杀出，其间的一切信息都只作为参考，而不能影响正常的盈利。

交易信念的作用在高风险投资方面更为明显，就像股市中每一种形态、每一种走势都是独一无二的，因此，导致了投资者做出不同的投资行为。这句话看起来没有错，但是，为什么在面对同样一只股票的相同涨跌局面时，不同人的选择会不同呢？根源不在于获得的信息和技术能力，而是投资者的交易信念的不同。

交易信念分为活跃交易信念和不活跃交易信念，当股市中发生了涨跌时，就会引发投资者心中的各类想法，进而导致活跃交易信念和不活跃交易信念的相互博弈。在股市转牛时，活跃交易信念就会成为主角，不活跃交易信念会保持本色；在股市转熊市，不活跃交易信念就会占据主位，活跃交易信念退居二线。

无论是活跃交易信念，还是不活跃交易信念，其能量都是守恒的。正确的方法不是消除某一方，而是将双方的信念能量抽取出来，融合成一个新的交易信念（见图 12-2）。这个交易信念结合了投资者对资本市场的认知和经验，然后会形成自己的交易理念。

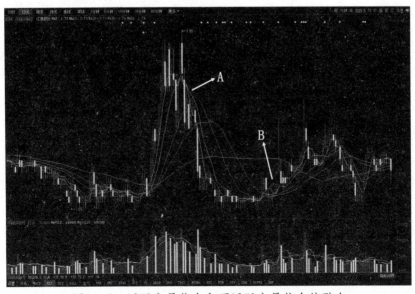

图12-2 活跃交易信念和不活跃交易信念的融合

当股市处于 A 点时，此时不活跃交易信念的能量充足，开始发挥其作用，告诫投资者在此时不能轻举妄动，尤其不能动补仓的想法。若前期买入价位较低，则可以获利出局；若前期买入价位较高，则可以割肉止损，也可以长期持有，后期补仓拉低成本。

当股市处于 B 点时，活跃交易信念重新占据上风，投资者更愿意在此时进行入场或补仓操作。

活跃交易信念和不活跃交易信念随着股市的涨跌不断启动，但都是围绕着规避风险和获得利益进行的。当股市上涨至短期的最高点时，股市中的利空消息得到确认，投资者的交易信念也随之翻转；当股市下跌至短期的最低点时，股市中的利好消息得到确认，投资者的交易信念再次随之翻转。

交易信念是经过投资者长期的投资规划、期望及实践形成的，更多也是在长期投资中发挥了很好的作用。通过交易信念来不断帮助自己提高交易方法的精确度，也不断让投资者发现有价值的投资组合。

第七篇

退休
——考验财富传承能力

第十三章　谨慎为主，防止投资"副作用"

《论语·季氏篇》中有"君子有三戒：少之时……及其老也，血气既衰，戒之在得"。退休是人生中的一段修养身心的阶段，虽然不可能完全"不得"，但要"得必有方"，不能"以得为主"。因此，人生在这阶段的理财投资要以谨慎为先。因为这个阶段没有了可以翻本的时间机会，一些被"运气"和"机会"加持的投机行为要彻底改掉，需要在对的时间做对的投资行为。

投资中的"运气"

几乎任何成功的背后都有运气的成分，但是有太多有所成就的人不认可运气对其成功的加持，只认可自己的实力。这是认知偏差中的自我归因——人们容易把好的结果归因于自己的能力，把坏的结果归因于他人或客观原因。

自我归因就是对一件事，个体常常会作出有利于自己的解释。例如，当某公司业绩好时，老板认为主要是自己决策合理加上领导有方；当公司业绩变差时，老板认为是员工不给力加上各种客观因素。

将运气放到投资过程中，自我归因就表现得更加明显。令人记忆深刻的是自 2006 年开始的那波大牛市，上证指数一路飙至 6000 点，不管是技术派还是价值派，不论是超短线还是拉长线，大部分股民都是赚钱的。在那段时间可谓"股神满天飞"，大机构和小散户都对自己的投资技术信心满满。然后，牛转熊的狂跌之下，"股神"全部黯然消失了。

很多时候，投资成功都有着运气的成分，只是大小不同罢了。但是，当事人却非常笃定地说："成功是因为我自己的实力，跟运气没有半毛钱关系。"

纳西姆·尼古拉斯·塔勒布在其《随机漫步的傻瓜》一书中非常直接地指出："我相信金融交易行业错把运气当作个人能力的表现，这样的习惯甚为普遍，也最为明显……所谓幸运的傻子，正是这样的写照。幸运的傻子运气好得出奇，却像煞有介事地把自己的成功归于其他特定原因（如技术）。"

运气是个好东西，它到来了可以让废铁变成黄金；但运气也是个烂东西，它离开了又让黄金变回了废铁。只是关于投资与运气，投资者总是理不清楚两者之间的关系！

其实，结合我们自身投资实践不难发现，在投资领域，运气的成分永远不会消失。你可以翻看自己的投资记录，看看里面有多少是技术成分，又有多少是运气成分。

承认运气的存在，就等于承认自己"还不够行"，这一点确实挺难的。短期投资可能存在运气成分大于能力的现象，但是，投资时间越长，与个人能力越相关。

关于运气和实力的交织，本杰明·格雷厄姆有过这样的阐述："投资艺术有一个特点不为大众所知。门外汉只需些微努力与能力，便可以取得令人尊敬（即便并不客观）的结果。但是，如果想在这个容易获取的标准上更进一步，则需要更多的实践和智慧。"

网上流传着这样一句话，"你永远赚不到你认知范围之外的钱"，这句话同样告诉我们：靠运气赚到的钱，最后会靠实力亏掉。

这个世界最大的公平在于，你所赚到的每一分钱都是你对这个世界认知的变现，当一个人的财富大于自己的认知的时候，这个世界会有 100 种方法来收割你认知外的财富，直到你的认知与财富相匹配为止。

所以，作为杀入金融市场的投资者，要端正自己的态度，虚心学习合理投资，才能长期收益。

高收益伴随高不确定性

思捷环球是于 1993 年在港交所上市的老牌蓝筹股，是一家曾引领全球时装潮流的服装业巨头，集团旗下知名休闲品牌 ESPRIT 分销至全球近 50 个国家，稳居 WPP "全球最具价值品牌 100 强"。公司在 2002—2008 年的营收及净利润平均复合增长分别高达 26% 和 35%，最牛的是股价，接近百倍的长牛，市值最高冲至 1700 亿港元。

在 21 世纪初的香港，如果问香港大学的学生，毕业后的职业梦想是什么？很多人都会说：进入思捷环球。但是，谁又会料到，该公司在巅峰之后迅速没落，业绩持续下滑，市值蒸发了 97%。实际上，就在思捷环球的股票神话仍在继续时，该公司的经营就已经出现了问题，但当时基本面却没有反映出任何问题。直到 2009 年 2 月披露公司盈利首度下滑的财报时，该公司股价早已领先于基本面，也就是基本面依然良好，但经营已经严重下挫，股价严重虚高。

因此，那些秉持"公司基本面发生逆转之初就迅速套现"的人必须保持警惕，因为他们处于信息源的最底层，不能等到糟糕抵达眼前，才慌忙应对，而是要在糟糕尚未到来时，就提早撤离。投资最重要的一点是：不做"接盘侠"。

仍以思捷环球为例，若在公司股票尚未起高之前，就买入埋伏着，这样的人即便只吃一段升位，也能赚得盆满钵满。但是，若在公司股票处于高位阶段买进，这样的人就成了货真价实的"接盘侠"。

很多人认为在收益长牛时，不存在风险，只要买入就会赚钱。却忘记了，再牛的产品也不会一直牛下去，因为"拐点"和脱离价值的高位本身就意味着风险。如果购买仍在大涨阶段的思捷环球的股票，那么危险就在不远处紧紧跟随着，只是看什么时候现身。

有人总结出进行高风险投资的必备要素：选对标、下重注、吃主段，三者缺一不可。虽然绝对正确，但是，什么时间选是对的？投多少算重注？哪一段是主升段？三者缺一不可，但三者同样也错一不可。

高风险不一定能带来高收益，但高收益的背后一定隐藏着高风险。理解这句话的前提是要明白高风险和高收益的真正意思。

高风险和高收益是指市场预期。整个市场对某投资产品的预期是高不确定性或者高损失可能性，那么，该投资产品即高风险。如果有人敢于承担这个风险或者知道如何规避这个风险，那么在高风险预期下买入，就有机会获得比市场平均值高的收益。所以，高风险和高收益不是因果关系（因为高风险，所以高收益），而是或可关系（或许存在高风险，可能获得高收益）。

相信高风险才能带来高收益的投资者，通常有个投资误区，他们认为低风险只能带来低收益。但是，低风险一定低收益吗？未必！投资产品如果设计得好，不但不会承担风险还能获得高收益。比如，巴菲特的投资基金，风险很低，长期收益却很高。

投资的本质是为了获得收益，因此，控制收益与风险的关系尤为重要。在追求高收益时，一定要警惕高收益背后隐藏着的高风险。如果能以低风险的投资资产配置，获得不次于冒高风险才能获得的高收益，那么无疑是投资的最佳选择。

冷静看待"内部消息"和"内部关系"

沃伦·巴菲特说："一个百万富翁破产的最好方法之一，就是听小道消息，并据此买股票。"

小道消息就是特别能调动投资者神经的"内部消息"，消息来源往往是"内部关系"。为什么"内部消息"如此有影响力？因为关系重大。所谓的"内部消息"，是指没有在交易市场进行公开披露，但会对金融产品走势产生重大影响的消息，如国家政策；公司利润分配方案、重组、高层变动；公司重大经营决策；等等。

股市是"内部消息"最兴盛的地方，各种"花边消息"层出不穷。很多"内部消息"还并未得到证实，就在股民群中引发动荡，也引起股价剧烈上涨或下跌。

人们对于"内部消息"的格外在意，原因在于"内部"。一些在网络上自称专家的人，资本大牛的内幕数不胜数，但他们的大招在后面，就是让你买课。这些"专家"如果真掌握了外人不知道的内幕，会满世界宣扬吗？还用靠卖课赚钱吗？他们自己加上 N 倍杠杆，偷偷发财不好吗？

当然，并不是所有内幕消息都是假的，确实有极小比例的"内部消息"传播出来，但在传播之后就慢慢变得不再真实可靠了，因为当"内部消息"成为大众消息时，主力资金早就调整策略了。因此，投资者得到"内部消息"后，必须分析其真实性（多数都是不真实的），不能盲目相信这些消息所带来的利好或利空。

那么，资本市场存在"内部消息"吗？肯定存在。以股市为例，股市的信息分布和股市的资金量分布基本一致，资金量越大的人，越有能力获得准确的"内部消息"，因为这样的投资者距离"内部消息"的发源地更近。能获得最准确的内部消息的人无外乎这几类：上市公司高管、投行项目核心人员、项目审计、法务等。

真有"内部消息"时，上市公司都会立即向监管机构报送，一般只有上市公司高层才会知道，高层也签订了保密协议。

同时，内部信息的发源地也会存在"内幕"，因为，投行要限制从业人员在二级市场上交易股票，要设置"隔离墙制度"防止投行工作人员在做某个项目的同时利用提前了解的信息来获利。

在这样的情况下，能够传播出来的"内部消息"的可信程度还剩下多少，大家自己想吧！

菜市场大妈的消息来源，要么是菜市场，要么是其他大妈；公司基层职员的消息来源，要么是网络，要么是朋友；工商个体户的消息来源，要么是生意圈子，要么是流动的客户等这些距离能够知道"内部消息"的人太远了。真实的事情传播次数多了都会走形，更别说一开始就是谣传的事了。

但是，凡事总有特例，上文中说的"并不是所有内幕消息都是假的，确实有极小比例的'内部消息'传播出来"这句话还记得吗?

甲是一家上市公司某个重点项目的参与者,该项目的成败会对公司价值产生重大影响,进而影响公司股价。甲签订了保密协议,并且严格遵守。

搞项目是很累的,甲每天熬夜加班。其妻也很体谅甲,会在难得的闲暇时间和甲聊聊家长里短,帮甲放松心情。渐渐地,妻子在丈夫的情绪中读出了项目的进行状况,丈夫心情的好与坏关乎着项目的进展情况。到项目接近尾声时,甲的心情明显好了很多,状态也轻松起来,妻子判断出项目即将成功,于是,妻子利用这次机会赚了一大笔钱。

在这件事情上,甲没有任何过错,职业操守值得肯定,但是,人总是会有情绪的,尤其是在工作压力大的情况下。甲的妻子也没做过分的事情,她凭借自己敏锐的嗅觉发现了赚钱的机会。

由此可见,普通人也有机会获得真正的"内部消息",但前提是需要一定的条件,且自己要有足够的把握机会的能力。但通常情况下的"内部消息"还是听听就算了,最多就是参考一下!

第十四章　变被动收入为主动增值

退休不意味着一切皆"休息"，也不是只能被动等待，该主动的时候也要主动。在收入方面，虽然没有了年轻时的主动性收入，但依然可以让被动收入实现主动增值。更为重要的是，还可以让财富能在主动规划之下安全、顺利地延续下去。

一份退休后的理财规划书

退休后，个人的收入将会减少，若家庭中夫妻两人都退休了，则意味着家庭现金流减少，日常开销要减少，但医疗费用、年度旅游费用会增加。

老年家庭最大的经济压力可能是医疗费用，虽然享有基本社会医疗保障，但个人所承担的医疗费用也会逐年上涨。老年人可以不必再将主要精力放在钱生钱上，但闲置的资金还是要合理地利用起来，这样既能提升退休后的生活品质，也能为儿女多尽一份力。

老年人理财的一个不变的原则是降低理财的风险系数，让自己能够从容承受，我们的建议是：固定收益类产品至少要占六成。

生活在大连的乙现年 64 岁，妻子 60 岁，拥有一套独立无贷款的三居室住房，两人每年退休金加一起约 8 万元，两人都有医疗保险，有一个女儿已经独立生活。目前主要现金资产约 180 万元，其中，120 万元用于股票投资，40 万元购买信托类固定收益产品，10 万元是定期储蓄，10 万元是活期储蓄。夫妻俩比较讲究生活质量，除了基本生活支出外，乙每年要和妻子至少旅游两次——出国游 + 国内游，还会有短途自驾游。乙夫妻二人对于服装和餐饮的质量要求较高，经常和老朋友、老同事聚会。全部费用一年下来在 15 万元左右，另外，女儿每年会给他们 3 万元。

乙老先生夫妻二人目前的理财规划合理吗？有什么需要修正的地方吗？

作为已经双双退休的老年家庭的理财规划，该家庭的资产配置显然是不合理的，尤其是其中有 1/3 的资产投在了风险较大的股票市场。如果遭受损失，很难有足够的时间和精力重新再来，退休生活的质量和精神状态为此都将受较大影响。

因为老年人的风险承受能力下降，所以理财规划的核心策略应该是防守为主，投资应以保本的固定收益类为主。比较合理的做法是根据"100原则"，即 100 减去年龄之后的比例的部分用于浮动收益类投资，也就是说乙老先生夫妻最多能用在他们的资产配置的资金可做如下调整：保本固定收益类产品占总资产的 60% ~ 65%，安全稳健是这部分资金配置的前提；浮动收益类产品占总资产的 33% ~ 38%，要尽量分散，规避风险是这部分资金配置的关键。

假设乙老先生夫妻决定用总资产的 60% 做固定收益理财，那么其中要有一部分保本但又能灵活变现的理财产品，如银行理财产品，可以投入占总资产的 10%；另一部分则要求有稳定且满意的收益回报，如固定收益类的信托产品，可以投入占总资产的 50%。

乙老先生夫妻决定用总资产的 38% 做非固定收益理财，可以考虑股票、股票基金、公募基金以及一些稳健的创新型理财产品等。

剩余总资产的 2% 为预留现金，作为生活备用金。这部分活钱不用留太多，到紧急时刻不够用可从固定收益类的银行理财产品中随时变现。但也不能留太少，毕竟老年人的生活要多一些及时性保障比较好。

此外，老年人必须懂得安享晚年不能只规划财富，还有其他很多方面，如规律的起居、健康的饮食、轻松快乐的心情、丰富的退休生活等，都是高品质晚年生活的重要内容。

存款也有新玩法

随着理财观念的深入和理财产品种类的愈加丰富，通过存款理财已经越来越不受年轻人青睐了，好像这种玩法只属于退休的大爷大妈们。作为老年人，不管年轻人对存款持怎样的看法，还真得将这种最传统、最简单的理财方式用起来。

选择非银行的存款理财，可以让投资者获得比银行同期定期存款利率高很多的收益，在这种情况下自然就有了吸引力。

我们都知道，银行的定期存款利率偏低，活期存款利率就更低了，因为我国对商业银行有利差保护，也就是通过净息差来保证银行的利润。净息差就是银行存款利率和贷款利率之间的差。

各家银行的存款利率都是在中国人民银行公布的存款基准利率的基础上做上下浮动，但肯定不能偏离基准利率太多。

银行在其他理财模式的不断冲击之下，也早已开始了对存款业务的改进，将老梗玩出了新花样。一些存款模式用好了，能比传统的定期存款利率高出一大截。

1. 大额存单

个人大额存单是面向个人客户发行的记账式大额存款凭证，存款期限从一个月到五年的都有，起存金额在 20 万元（含）以上，比常规定期存款利率高得多。

作为积蓄不是很多的普通人，选择大额存款的一个顾虑是，存款保险实行限额偿付，最高偿付限额为 50 万元人民币。万一银行破产，自己存的几十万元或许有一部分要打水漂。但选择国有银行和稳健的股份制银行，出现破产清算的概率极低（几乎不存在）。

有些银行 App 支持个人大额存单在到期前转让，如甲存 40 万元为期一年的大额存单，由于三个月后着急用钱，甲可以在该银行 App 上挂价转让，如果有人接盘，就能直接收回本金，利率按照转让时的结算。

2. 结构性存款

投资者将合法持有的人民币或外币资金存放在银行，由银行通过在普通存款的基础上嵌入金融衍生工具（包括但不限于远期、掉期、期权或期货等），将投资者收益与利率、汇率、股票价格、商品价格、信用、指数及其他金融类或非金融类标的物挂钩的具有一定风险的金融产品。

通俗的解释就是，投资者希望存款保本，但又不满足于较低的存款利率，于是拿一部分利息出来买只挂钩股票，博一把高收益。成功了，存款利息非常高；不成功，只损失点利息。

"结构性存款 = 本金 + 少量利息 + 期权"的组合，最大的好处就是不必担心本金受损，通过利息买期权博收益，就有机会获得高收益。可购买的期权有股市指数（如沪深 300 指数）、外汇汇率（如美元、欧元、日元）、大宗商品价格（如铁矿石、原油）、黄金价格。

3. 货币基金

货币基金在"基金理财：让专业人士帮你赚钱"一节中有过介绍，在此简明讲述。货币基金具有以下三个特点：

（1）能快速申购和赎回。大部分货币基金都能做到T日购买（当天15：00之前申购/赎回，当天就是T日），T+1日确认份额并开始计算收益。同理，T日申请赎回，T+1日完成份额确认和资金到账。

（2）投资收益明显高于活期和定期存款。因为货币基金的资金主要投资于银行协议存款、短期债券、同业存单等具有市场化利率的投资工具，这些投资工具的利率都明显高于银行普通存款的利率。

（3）安全性高，亏损可能性极小，包括两个方面：①货币基金的投资对象只限于安全性非常高的银行协议存款、高等级短期债券、同业存单等工具，这些投资工具的剩余期限有硬性要求，不能超过某个值；②货币基金使用摊余成本法来核算基金的净值，即按照买入投资工具的成本计算每日的投资收益，不使用每日的市场价格计算收益（因为市场价格有估值波动，债券基金和股票基金都存在净值波动的问题）。

保险在财富传承中的运用

某企业老板驾车时发生交通事故，当场身亡。其生前在多家保险公司购买了意外险，总保额是100万元。其生前所经营的钢结构加工厂与多家企业存在债权债务关系，债权人要求家属用其名下的保险金清偿欠款，遭拒后起诉到当地法院，通过保全的方式要求冻结各家保险公司尚未支付的理赔款，用以偿还死者生前的债务。

对于这个案例，如果保险赔偿金纳入死者的个人财产，就要用来偿还其生前债务；如果保险赔偿金不属于死者的个人财产，就不需要偿还生前债务。保险赔偿金是否纳入被保险人的个人财产（遗产），取决于被保险人是否指定受益人。未指定受益人，则保险理赔自动变成法定继承，保险赔偿金属于被保险人的个人财产；若指定受益人，则保险赔偿金属于受益人的个人财产，与被保险人无关了。

以上阐述有法律依据。根据《中华人民共和国保险法》相关规定：被保险人死亡后，有下列情形之一的，保险金作为被保险人的遗产，由保险人依照《中华人民共和国民法典》的规定履行给付保险金的义务：（一）没有指定受益人，或者受益人指定不明无法确定的；（二）受益人先于被保险人死亡，没有其他受益人的；（三）受益人依法丧失受益权或者放弃受益权，没有其他受益人的。受益人与被保险人在同一事件中死亡，且不能确定死亡先后顺序的，推定受益人死亡在先。

本案例中，死者指定了保险受益人为两岁的女儿，保险赔偿金就属于女儿名下的个人财产（由其监护人代管），女儿的财产跟父亲的债务没有连带关系。

通过上述案例的讲解，我们明白了保险在财富传承中的作用，因为保险赔偿金已经发生了财产转移。

保险在财富传承方面的独特优势，会随着将来国家财税体制改革而更加凸显它的重要性。用保险进行财富的代际传承，可以做到无损耗、有增值的效果，不产生税费，确保资产所有人的意愿，有效避免偿还被保险人的债务，所以，保险的作用不仅是保障和投资。

下面总结保险作为资产传承中的一些特色，可以帮助我们进一步了解保险在财富增值和财富传承中的作用。

（1）低门槛：保险金额的大小根据实际情况设计，没有门槛要求。

（2）易操作：相对于法律继承、遗嘱、信托等方式，保险的投保手续及理赔手续简单易操作。

（3）零成本：没有任何的手续费、理赔费、公证费、律师费等费用。

（4）免纠纷：指定受益人是谁，他（她）就是谁，在法律上具有安全性，保险理赔金受法律保护，不被分割。

（5）可变更：投保人（投保人与被保险人非同一人时，需被保险人同意）可任意指定或变更受益人。

（6）保密强：保险公司向受益人发放赔偿金的方式是直接汇至受益人账号，保密性强。

（7）时效优：受益人只需提供理赔资料，经保险公司核实后，理赔金快速到账。

（8）隔离性：理赔金将不列入被继承人的遗产范围。

家族信托让财富延续

要不要给孩子留下足够的金钱？

林则徐说："子孙若如我，留钱做什么？贤而多财，则损其志；子孙不如我，留钱做什么？愚而多财，益增其过。"

这句话看似在劝解人们没必要给孩子留钱。但是，我们要辩证地理解这段话，林则徐是在强调培养人的重要性，给孩子好的性格和过硬的能力，比给孩子金钱重要。因为做人比钱财重要，有了好的人品，具备足够的能力，才能合理地驾驭财富。

借用沃伦·巴菲特的一句话，"我要给孩子留下足够的钱，让他们做任何想做的事情。但我不要给孩子留下太多的钱，让他们不需要去做任何事情"。所以，保证一定的物质基础，让孩子不必为生计忧虑，孩子才有机会完善自己的精神世界，这是财富传承的核心目的。

古语有"富无经业，货无常主，能者辐凑，不肖者瓦解"。财富越多，风险越高，如政策风险、市场风险、人身风险、婚姻风险和法律风险等也包含个人因为大笔财富到来后的堕落风险。

即便不是大富之家，父母积累一辈子也会有一笔不小的积蓄，如果一次性留给或赠予孩子，即便不谈论其他方面的风险，孩子本身也难免会因为钱财上的富足而产生惰性。

财富传承是具有危险性的，如果不能将风险管理好，传承过程中或传承之后出现风险，财富就会瓦解掉，这就是"不做风险管理，就做危机处理"。所以防患于未然更为有利，那么，具体应该怎样做呢？

现有一对夫妻准备将家庭400万元财产留给独生子，应该采用怎样的方式呢？我们推荐家族信托。

从法律关系上看，如果将400万元直接转给孩子，属于赠予关系；如果将400万元作为遗产，属于继承关系；如果设置家族信托，是一种新的财产转让方式。

（1）直接赠予。孩子取得了一大笔钱的所有权，可能会不思进取，可能会挥霍败家，可能会投资失败，可能会面临人身安全风险，可能会因为婚姻失败导致财产损失，等等。

（2）遗产继承。孩子面对的问题与直接赠予类似，只是相对年龄大一些，挥霍败家这样直接消耗财富的可能性降低了，但投资失败这样间接消耗财富的可能性增大了。毕竟有了钱后，人的想法就变多了，胆子也变大了。

（3）家族信托。上面两项的问题都可以规避：①孩子没有一次性取得400万元的所有权，想挥霍也没有机会，想搞大投资也没有资金；②信托财产独立于孩子的个人财产，即便在离婚后，其配偶也无法取得信托财产的一半财产；③通过设立激励机制，孩子只有在取得某些成就时，才能取得财富，以激发其奋斗意志。

通过上述对比，我们对家族信托的财富传承过程中的优势有了了解，现在经济富裕的人都采用以信托指定受益人的方式传承资产，并总结出了家族信托对比传统财富传承的优势。

（1）独立性：信托财产虽以受托人之名登记，但并非受托人的自有财产。

（2）安全性：信托财产不作为委托人的遗产或清算财产，除特殊情况外，信托财产不得强制执行。

（3）私密性：信托当事人及信托内容不对外披露，受托人不得向非当事人提供知晓本信托的渠道。

（4）收益性：由专业机构进行资金集合运作，收益与风险更加平衡。

（5）灵活性：可依据委托人的不同要求和目的设计。

（6）连续性：根据合同记载进行管理，直至合同记载终止事项出现。信托合同可能持续几十年甚至上百年。

附录

附录1 综合理财规划案例示范
——不同家庭的财产配置方案

高收入家庭的理财方式

高收入家庭的特点：有丰厚且稳定的收入来源，且具有较高的理财意识。对该类家庭的理财建议有三个。

（1）投资以稳健为主。可将大部分资产用于绩优开放式基金，既达到存钱的目的，又可获得比银行更高的投资收益。还可以购买五年期左右的记账式国债，年收益率通常在 4% 以上，最大优势是风险小。

（2）增加意外险和寿险。重点是为家庭经济支柱购买重大疾病医疗保险和商业养老保险，为孩子适当购买少儿意外伤害险和少儿医疗险。

（3）通过设立专项基金筹备教育金。可以从每月的储蓄结余中拿出6000 ~ 10000 元，采取定期、定额的方式为孩子购买一份子女教育金保险，保险期限可以延续至孩子大学或研究生毕业。

中等收入家庭的理财方式

中等收入家庭的特点：收入来源稳定，比上不足比下有余，总额不高，具有一定的理财意识。对该类家庭的理财建议有四个。

（1）预算为先，适度消费。建议在年初时作好家庭财务计划，养成做预算和记账的习惯。可适当提高生活质量，但减少不必要的支出。

（2）稳健投资，结合实际。依据家庭不同阶段的不同情况和家庭成员的年龄，调整投资策略，实现稳健投资策略和激进投资策略在不同时期与不同情况下的有效结合及错位。

（3）长期投资，积累增值。设定投资目标，采用定期、定额的强迫式投资策略，才能有效地积累和增加财富。

（4）保障为主，增值为辅。可以购买收益相对比较稳健的分红型保险产品，增加家庭的抵抗风险承受系数，完善家庭整体财务规划。

低收入家庭的理财方式

低收入家庭的特点：收入相对微薄，或许短时间内无财可理，且一般不具备理财意识。对该类家庭的理财建议有四个。

（1）认可理财。改变现状从改变观念开始，不能认为理财距离自己很遥远，也不能只是一味叹息钱少不够花，而应该巧动心思，学会理财技巧，巧中获益。

（2）压缩开支。在不影响基本生活的前提下，尽量减少不必要的浪费行为，暂时压缩购物和娱乐消费等项目的支出，保证每月能结余一些钱。

（3）购买保险。越是收入低，越要想办法保住仅有的胜利果实。可以每年拿出总收入的 5% ~ 10%，为家庭经济支柱配置重大疾病险和定期寿险，为孩子购买少儿医保。

（4）降低风险。不建议投入过多资金购买股票，可以拿出投资金融产品资金的 20% 投资股票。

新婚家庭的理财方式

新婚家庭的特点：由于新婚夫妇大多经历过很长时间"单身贵族"的生活，对两个人来说如何一起规划资金有些迷茫。对该类家庭的理财建议有四个。

（1）强制储蓄。以"约定转存"的形式，将每月收入结余的一部分进行零存整取式的固定储蓄。

（2）基金定投。以"工资卡 + 定投"的组合，强迫资金积累，才能获得高于银行普通定存的利率。

（3）保险保障。主打险种为高额寿险和重大疾病保险，如果预算有限，则应以家庭经济收入贡献较大者为主。

（4）分期付款。理性使用信用卡，规定好没有极特殊情况绝不可以超越信用卡透支额度。

退休家庭的理财方式

退休家庭的特点：经济收入减少了，身体健康状况变差了，不得不面对的疾病医疗问题增加了，且医疗费的支出会继续增加。对这类家庭的理财建议有三个。

（1）支出规划。所有投资不可占用家庭必要生活开支、医疗费等，每月尽量做到略有结余（做活期储蓄）。再留 10000 ~ 30000 元购买家庭货币以应对家庭紧急开支。

（2）保险规划。退休阶段不宜开始投医疗险，因为其保费过高且容易倒挂。可用少量资金投保意外险。

（3）投资规划。首要原则是保障本金安全，同时兼顾收益。可将金融资产的 60% 左右进行固定收益理财。

附录2　投资理财产品怎么交纳个人所得税

银行理财产品

通过银行销售的理财产品的品种很多，有银行自行开发的理财产品，有银行代信托公司或保险公司代销的产品，还有委托贷款。对个人取得的上述理财产品的收益是否需要纳税，国家税务总局并未具体规定，实际操作中多数银行也没有代扣代缴个人所得税。

《国家税务总局关于切实加强高收入者个人所得税征管的通知》（国税发〔2011〕50号）规定："对个人独资企业和合伙企业从事股权（票）、期货、基金、债券、外汇、贵重金属、资源开采权及其他投资品交易取得的所得，应全部纳入生产经营所得，依法征收个人所得税。"

由此可知，个人单独购买银行理财产品产生的利息收益不需要交税，合伙企业购买理财产品的利息收益需要缴税。

基金产品

《财政部、国家税务总局关于开放式证券投资基金有关税收问题的通知》（财税〔2002〕128 号）第二条第三款规定："对基金取得的股票的股息、红利收入，债券的利息收入、储蓄存款利息收入，由上市公司、发行债券的企业和银行在向基金支付上述收入时代扣代缴 20% 的个人所得税；对投资者（包括个人和机构投资者）从基金分配中取得的收入，暂不征收个人所得税和企业所得税。"

国债

《中华人民共和国个人所得税法》第四条规定："下列各项个人所得，免征个人所得税……（二）国债和国家发行的金融债券利息……"

股息红利

根据《财政部　国家税务总局　证监会关于实施上市公司股息红利差

别化个人所得税政策有关问题的通知》（财税〔2012〕85号）的规定可知：

持股期限在1个月以内（含1个月）的，股息红利所得全额按照20%交纳个人所得税。

持股期限在1个月以上至1年（含1年）的，股息红利所得按照50%计入股东个人应税收入，即实际税率变成了10%。

持股期限超过1年的，股息红利所得按照25%计入股东个人应税所得，即实际税率变成了5%。

因此，上市公司分红取得的股息红利所得，需要根据持有时间的不同，确认不同的纳税义务。

普通储蓄

《财政部　国家税务总局　关于储蓄存款利息所得有关个人所得税政策的通知》（财税〔2008〕132号）中规定："自2008年10月9日起，对储蓄存款利息所得暂免征收个人所得税。"

根据《财政部　国家税务总局　保监会关于将商业健康保险个人所得税试点政策推广到全国范围实施的通知》（财税〔2017〕39号）规定："对个人购买符合规定的商业健康保险产品的支出，允许在当年（月）计算应纳税所得额时予以税前扣除，扣除限额为2400元/年（200元/月）。2400元/年（200元/月）的限额扣除为个人所得税法规定减除费用标准之外的扣除。"

此外，《中华人民共和国个人所得税法》第四条规定："下列各项个人所得，免征个人所得税……（五）保险赔款……"

后记

给自己安全感，做自己的主宰者

很多人对未来的目标都是一样的：生活幸福。但是，什么是生活幸福？如果说生活幸福意味着财务自由的话，这个标准将永无止境，因为人的消费欲望是无限的。

财务自由并不代表金钱的某个绝对数额，而是指资产的被动收入大于日常开支。经典理财著作《富爸爸穷爸爸》的作者罗伯特·清崎是第一个提出这个概念的人。他说："1994 年，我退休了，那时我 47 岁，我妻子 37 岁。退休并不是因为我们没事可干。对于我和我妻子来说，只要不发生意想不到的大事，我们可以自主选择工作或是不工作，我们的财富可以不受通货膨胀的影响，自动增长。我想这就是自由。"

人只要活着，就离不开钱，合理理财就有可能让自己实现财富自由。

理财是如何让财务更好地服务于你的生活的一个大课题，是收入如何合理安排满足现在和未来支出的战略性课题。几乎所有混乱、不理想的人生状态，都和不成功的理财有密切关系，尤其对于普通老百姓更是如此。

拥有财富给人安全感，财务自由让你成为自己的主宰者。

最后送大家一句话：理财就是理生活！